# 枕崎 女たちの生活史

ジェンダー視点からみる暮らし、習俗、政治

佐々木陽子 編著
山崎喜久枝 著

明石書店

目次

# はじめに

佐々木 陽子

本書は、鹿児島県薩摩半島の南端に位置する、人口二万ほどの枕崎市で暮らし生きてきた女たちの歩みに光を当てる。彼女たちがこの町に生まれ育ち、あるいは移住し生きてきた歩みや思いの一端を記録することで、一方では、一人ひとりの独自な歩みに思いをはせながらも、他方では、日本各地で、似たような思いを抱きながら生きてきたであろう女たちの存在に想像力を働かせたい。

一人ひとりのライフヒストリーに聞き入るとき、彼女らが生きてきた道程の厳しさと、その厳しさをはねのける強さに敬服する。後に登場する、開拓農民として枕崎のある集落に移住してきた真茅《まかや》テミさん（写真1）は、昔からこの土地の所有者であった住民から数々の嫌がらせや差別をうけたという。サツマイモの苗を苦労して植えれば、次の日には引っこ抜かれ、お茶の苗を買おうとすると、通常は売り物にはならない最悪の苗しか売ってもらえなかったという。食べる物といえば、サツマイモやそのつる、また、行商人から買うカツオの身の部分を取り除いた残りのアラの頭や骨だったという（このカツオのアラの部分は「ビンタ」「サネ」と呼ぶとのこと）。「じゃっどんな、そんた今思えばからで良かったちいうこっを」（それが結局は健康に良かったということよ）と笑って語ってくださった。九〇歳を過ぎて学ぶことに喜びを見いだし、現在、高齢者サロンで習字を生き生きとした表情で学んでいるとのことである（共著者の山﨑がこのサロンの講師役をつとめている）。小学校も貧しさゆえに四年生ぐらいまでしか通えなかった彼女に、父親は「テミが男だったら」と繰

写真１『学歴のない人ほど成功する』というお気に入りの本を手にするテミさん（90 歳） 苦労の末、今はお茶栽培で成功している。

り返し口にしたという。「テミが男だったら…」この言葉にテミさんは何を感じ取ったのであろうか。父親の言葉に応えるべく、学校に行かずに農作業に専念し、その働きぶりは男勝りだったとのことである。

立石愛子さんは、戦後、お母さんのヤミ商売を助け、警察の取り締まりをすり抜ける機敏さと生き抜く知恵とたくましさをもちながら、時に目をつぶれば「夢見る乙女」に変身する。大阪のある紡績工場で体重が三七キロしかないため雇ってもらえず、自力で別の会社に頼み込み、背が低すぎて紡績機械に手が届かないため踏み台をつくってもらってそこに上がって作業に打ち込み、一二時間労働を耐え抜く。辛かったであろうに、「明日はきっと良いことがある」と信じ自らに言い聞かせ乗り切ってきたのであろう。

本書では、多様な経験を生きた彼女たちの聞き取り以外にも様々な問題に触れる。たとえば、枕崎の女性像といえば、「黒島流れ」と呼ばれ伝承されている一八九五（明治二八）年の大型台風で一家の稼ぎ手の夫を亡くした女たちが想起されよう。バラ売り用のカツオ節を頭に載せ、子どもの手をひいて「カツオ節しゃいいやはんか〜」（カツオ節はいりませんか〜）と声をあげて売り歩く姿が銅像となっている。日々の稼ぎによって明日の糧をうみ出さねばならない女たちの姿が、銅像の定番のモチーフで、時代を経ても枕崎の女の表象として固定化されている。

銅像といえば、鹿児島市を訪れる人は市内のあちこちに銅像があることに驚くようである。江戸から明治維新へと時代を切り拓いた男性像があちこちに立っている。未来を見つめるりりしい立像としての男性像に対し、女性像は固有名詞がなかったり、あってもしゃがみこんだポーズをとっていたりと男性の立像とは対照的である。鹿児島市は多くの銅像を有するため、ジェンダーの分析素材にこれらの銅像を用いることができよう。

枕崎はカツオ節の生産量が日本一である。だが、かつてにぎわっていた漁港は、昔のような活気はなく静かで、町中にはシャッター通りも出現している。カツオ節工場では、多くの非正規労働者の女たちや外国人労働者が研修生や技能実習生として働いている。現地調査の際に、きびきびと働いている女性労働者たちを目にしたが、その労働はきついと想像される。冬には半冷凍のカツオを冷水からあげ、ゴム手袋をしているとはいうものの、その冷たさは伝わってくるだろう。コンクリート打ちの地べたからは冷気が立ちこめよう。夏は外で魚を干す作業で背中に太陽光線が突き刺さり、冬とは逆にコンクリートからは熱気が上がってくるだろう。さらに、カツオを燻製にするために火が燃やされ、機械が導入されているとはいうものの、その火の微妙な加減も調節せねばならず、カツオを取り出すときの熱気は大変なものであろう。

また、枕崎には金山があり、かつてお女郎さんが集められたと言う。枕崎だけではなく、鉱夫と女郎のペアは日本各地で見いだされる。料理屋の賄い婦のようなことをしながら、夜は鉱夫の性処理のために身を売らねばならなかったお女郎さんたち。彼女たちは、今、枕崎の樹木の茂った小高い丘の上に眠っている。墓石に「〇〇信女」と書かれた墓もあり、女であることがわかる。しかし刻まれた字が読める墓はほんのわずかにすぎない。墓石が倒れたもの、何とか倒れずに持ちこたえているものなどがあるが、周囲はうっそうとした樹木に覆われ、墓は緑の苔がはえている。江戸時代の年号が刻まれた墓もあり、年月の経過を物語る。お女郎さんが生きた歴史を、これら一群の墓石群が語っている。このうっそうとした墓石群にたたずむとき、ふと時間が逆戻りしたような錯覚におちいり、この場所に料理屋があり鉱夫たちでにぎわった風景が想像され、にぎわいの声まで聞こえてくるように思われる。こうして女郎墓が残されたことで、枕崎における女郎と呼ばれた女の歴史の一端がこの場所に刻印されている。

首都圏の殺風景な霊園を見慣れた筆者のような者にとって、鹿児島の墓花の豪華さは驚きである。一〇年ほど前鹿児島市に居をかまえた当初、どの墓にも大量の生花が飾ってあるのを見て、今日は何の日であろうかといぶかった。しかし、大量の墓花を飾ることが鹿児島では習慣化していることを後に知った。これ以上は無理と思われるほど大量に生花が花活けに挿されているが、九州圏でもこれほどの墓花を挿す地域は知る限り見いだせない。しかし、一九七〇年代頃には嫁世代だった女性が今は高齢者となり、子どもたちは都市へと移り住み、単独世帯あるいは夫婦世帯と化しているため、小高い丘の上にある地域墓地に至る急坂を上り、花を持参しての墓参りは難儀になっているといえよう。こうした状態の解決手段として「墓じまい」があるものの、放置されれば無縁墓となる。枕崎では、墓参りは女の役目というジェンダー規範が今日も生きている。こうした墓参りとジェンダーの関係を、今日顕在化している無縁墓問題を含めて考えてみたい。

さらに、ジェンダーの問題では、戦後、母子貧窮家庭の救済のために奮闘した女性議員など、男社会ともいえる政界に入り、社会改善に奮闘してきた女性議員の活動にも光を当てる。

天体の動きをみるのに小さな穴をあけてのぞき込むことで、星々の輝きが視界に入り、天体の動きの全体がつかめるように、枕崎というこの小さな町から女たちの生活をのぞき見ることで、日本の女たちの歴史や現在の問題の一端を、想起することができるのではないかと思うのである。

# 第1章　なぜ枕崎に光を当てるのか――枕崎市という地域の特性

佐々木　陽子

## 1　JRの日本最南端の始発・終着駅がある枕崎市

平成の市町村大合併の波にも、良くいえば孤高を守り、悪く言えば取り残された鹿児島県枕崎市は、戦後のどの時代の地図帳を開いても変わりはなく、ほぼ五角形の形状で薩摩半島南端に東シナ海に面してたたずんでいる。

JR九州指宿《いぶすき》枕崎線の枕崎駅はJRの日本最南端の始発・終着駅として知られているが、二〇一六年九月段階の時刻表によれば、枕崎駅始発の指宿方面への列車は日に六本しか走っていない。『南日本新聞』の記事によると、指宿駅と枕崎駅間の路線はJR九州の廃止路線の候補にあがっているという（『南日本新聞』二〇一五・三・八）。枕崎駅の旧駅舎（写真1）は駅周辺の再開発により二〇〇六（平成一八）年に解体された。前出の記事によれば二五〇〇万円をこす市民や市出身者などの寄付を中心に二〇一三年に新駅舎が整備された（写真2）。

枕崎市のシンボルと期待される新駅舎も指宿枕崎間の路線が廃止候補にあがっているのであれば、むしろ確固たるシンボルといえるのは「立神岩」であろう。神様が枕に乗って流れ着いたあたりを、その土地の者

## 新旧の枕崎駅

写真１　旧枕崎駅舎（2005 年筆者佐々木撮影）

写真２　新枕崎駅舎（2015 年筆者撮影）

写真３　立神岩（2015 年筆者撮影）

が枕崎と呼んだのが枕崎の地名の由来と言い伝えられていることからも知ることができるように、枕崎市には数々の伝説・昔話がある。

　その中でもカツオ漁の町・枕崎にとって格別の地位を占めているのが立岩神の伝説である。枕崎港の東側、市の南端の火之神公園の沖合に半身を削ぐ形状でそびえたつ立神岩（写真3）に、カツオ遠洋漁業の乗組員は出港時には航海の無事を祈り、帰港時にはその姿を見て航海の無事を感謝するという。立神岩がこのような形状になったのは公園側にある岩戸山との喧嘩の結果であると言い伝えられている。『枕崎市史』にもでているが、枕崎市住民であれば、多くの人が知っている伝説に次のようなものがある。ある日、立神と岩戸山が喧嘩をした。立神岩が腹立ちまぎれに岩戸山に火（火箸・火鉢ともいう）を投げつけたため火事となり山は燃えて赤くただれて崩れ、今の赤崩《あかくえ》またの名を禿山《ちんちょ》(1)というが、この山ができた。方言では「ちんちょやま」と呼ばれ、「ちんちょ」とは火傷などの傷跡が治ってもただれて赤くなっている状態のことを指す。岩戸山はそのお返しに包丁（ナタともいう）を投げつけ、そのため立神岩は身体を切り取られて沖にそびえ立っており、それ以来この二つは互いににらみ合ったまま向かい合っているというのである。

## 2 減りつづける人口、増える世帯数

統計が残っている一九五〇（昭和二五）年には人口が三万四〇〇〇人を超えていたが、一九八六（昭和六一）年以降、二度と三万人台に戻ることはなく減り続け、二〇一四（平成二六）年には二万二〇〇〇人台にまで落ちている（表1）。それと反対に、六五年前、世帯数は七〇〇〇台であったのが今日では一万台まで増加しており（表2）、これは子なしの夫婦世帯や単独世帯の増加に関わることは明らかであろう。しかも、生産年齢人口（一五歳以上六五歳未満）が減少すると共に、他の自治体同様に枕崎の高齢化率（人口に占める六五歳以上の人口の比率）は上昇している。日本全体の高齢化率は二六％（二〇一四年内閣府）、鹿児島県全体は二八・六％（二〇一四年総務省統計局）、そして枕崎市は三一・八％（二〇一〇年国勢調査）である。[2]

表1　世帯数・総人口・1世帯当たりの人員（抜粋）

| 年次 | 世帯数 | 総人口 | 1世帯当たり人員 |
|---|---|---|---|
| 1950（昭和25）年 | 7,484 | 34,480 | 4.61 |
| 1989（平成元）年 | 10,798 | 29,278 | 2.71 |
| 2014（平成26）年 | 10,580 | 22,340 | 2.11 |

表2　65年間の枕崎の世帯数と総人口の変化

| 年号 | 世帯数 | 総人口 |
|---|---|---|
| 1950（昭和25）年 | 7,484 | 34,480 |
| 1955（昭和30）年 | 7,998 | 35,546 |
| 1960（昭和35）年 | 8,338 | 33,511 |
| 1965（昭和40）年 | 8,652 | 31,464 |
| 1970（昭和45）年 | 9,171 | 30,084 |
| 1975（昭和50）年 | 9,554 | 29,685 |
| 1980（昭和55）年 | 10,121 | 30,060 |
| 1985（昭和60）年 | 10,509 | 30,099 |
| 1990（平成2）年 | 10,576 | 28,794 |
| 1995（平成7）年 | 10,524 | 27,640 |
| 2000（平成12）年 | 10,593 | 26,317 |
| 2005（平成17）年 | 10,685 | 25,150 |
| 2010（平成22）年 | 10,434 | 23,638 |
| 2015（平成27）年 | 10,074 * | 22,059 * |

（注）*は、第20回国政調査速報値。

表1・表2（出典：枕崎市『枕崎の統計 平成27年刊行』より作成）

枕崎市立中学校教師を一四年間も勤め

た共著者の山﨑は次のように語っている。人口減少をただ数値とにらめっこするだけでなく、具体的な実感として理解するために、次のイタビューを行った（Qの質問者は佐々木、Aの回答者は山﨑）。

Q：枕崎市立枕崎中学校には何年間、いつぐらいの時代に勤務しましたか。

A：一九六三（昭和三八）年から、病休も含めて一四年間勤めました。

Q：そのころのクラス数・生徒数はどのぐらいだったのですか。

A：一学年一三クラスくらいだったと思います。全体では大体四〇クラスくらいあって、二〇〇〇人近い生徒数だったような気がします。鹿児島県下でも規模の大きさ、生徒数の多さでは一、二を争っていました。

Q：すごい生徒数ですね。クラスが多いことで大変だったことって何ですか、生徒数が多いな～ってどんな時に実感しましたか。

A：子どもたちも教職員もお互いの顔を知らなくて…。私は外部から来た商人と思われたのか、生徒から「あねさん」と呼ばれたこともたびたびでした。一クラスの人数も多くて、確か五〇人くらいいたと記憶していますが、授業では机の間を通って子どもの様子を見まわることができない有様でした。

人数と教室の大きさと机の関係は基準に合っていたのでしょうが、子どもたちの体格が立派すぎて、机が小さく机の中に両足が収まらず横や前後にはみ出していましたから。マンモス校で教職員の目も届きにくく生徒も荒れていました。今のように陰湿ではなく、カラッとしていましたが…。教師の暴力も公然とありました。家庭訪問に行くと「死なない程度に叩いてくれ」という親もいましたから、ほとんど問題にならなかったのでしょう。枕崎中学校で勤まれば、どこの学校に行っても大丈夫だと言われたのを覚えています。それほど、「荒れ」では有名な学校だったのでしょう。

Q：クラスの生徒の中で漁師志望の生徒もいましたか。
A：いましたよ。選択教科で「水産教室」をとっていましたからわかりました。
Q：現在のクラス数がどのぐらいかご存知ですか。
A：全校一〇学級だと思います。一学年三～四クラスでしょうか。
Q：枕崎市の人口が減っている、若い人が減り高齢者が増えていることを実感していますか。
A：はい、若者はどこに消えたのかと思うくらいお目にかからないし、いると思えば中国やフィリピンなどの外国人です。この前、試しに駅通りの車道の真ん中を歩いてみましたが、人にも車にも会わずちょっと寂しくなりました。確かに若者も人口も減っていると実感します。どこに行っても会うのは高齢者ばかりです。でも元気な高齢者が多いと思います。以前は六〇、七〇歳といえば、本当に「老人」という感じでしたが、今では八〇歳と言ってもはつらつとしていておしゃれも上手で素晴らしいと思います。特に女の人はいきいきして意欲的ですね。生きていれば歳をとるのは当たり前ですから…、生きている限りこうありたいものと。まあ高齢者の鑑ですね。

コラム

## 枕崎の女性に関わることわざ……………………山﨑　喜久枝

枕崎特有の言葉、ことわざは短縮形や音便形が多いように感じられ歯切れもよい。それだけにタイミング良く使用するとぴたりとはまり、通常用いられる言葉以上の効果を発揮するといわれる。

女性に関係のあることわざだけを拾い上げてみると、古く封建時代からの言い伝えでもあるため、女性を否定的に見たり、笑い者にしたり、縛ったりして、「女のあるべき姿を求めている」ものが多い。言葉やことわざが人をつくること、つまり教訓を得ることでその人を成長させることもあるが、逆に否定的な影響を与えることもあることを思えば、〝たかがことわざ〟と侮ることはできない。今給黎正人編著の『枕崎地方言集』（二〇〇三）を参考に、代表的なものを拾ってみた。

**①「朝雷《あさがんなれ》と女《おなごん》の腕まくい」**

たいしたことはないものの譬え。朝方の雷と女の腕まくりはその後もたいしたことにはならないものだというもの。女が激しく怒っても恐ろしくはないものだと軽くみている。

**②「鬼んような亭主とは暮れてん、仏んよな姑とは暮らされん」**

鬼のような怖い男でも亭主なら一緒に暮らせるが、仏のような人でも姑となれば一緒に暮らすのは大変難しいものだ。優しい女でも姑となればそうはいかないものとの批判という説がある。

**③「男いにゃ家を作らせ、女《おなご》いにゃ産《さん》にゅさせ」**

男の家作りも、女のお産もどちらも大変な仕事だが、お互いに苦労してこそ夫婦だという意味。子どもを産まない（産めない）女性は一人前の人間として認められないことにつながりかねないことわざ。

**④「後家にゃ花が咲っ、やまめいにゃ蛆がわっ」**

夫を亡くした後家さんは家事に慣れており身だしなみもきちんとしているので華やかになるが、妻を亡くした男やもめはとかく無精で、何かと薄汚れた感じがするものだ。華やかな後家さんは華やかであればある程また周囲のうわさも尾ひれがつく。

**⑤「婿んかわいさと、しっがさん痒さはつづかん」**

疥癬の痒さは格別で我慢できない程のものだが、婿のかわいさもまた格別なものである。反対に嫁は可愛くない、憎い者の譬えとして使われることが多い。ここでわざわざ婿を出すこと自体、唐突に感じられる。暗に嫁の憎さを表現しているようにも読みとれる。

⑥**「雌鶏《めんどい》が鳴けば石ぐっが倒るっ」**

雌鳥が時を告げると、普段は倒れそうにもない家の上り口にある石が倒れるなど不吉なことが起こるものだ。夫婦も女性がリードをとると家が傾くという意味で使われる（だが、鹿児島では、女が男を手のひらに乗せうまく回していることを意味するともいわれる）。

⑦**「嫁をもろときゃ親を見てもろえ」**

嫁にしたい女性がいたら、まずその娘を育てた親を見なさい。そうすれば間違いはないものだ。特に母親の家事・育児・しつけ等に対する姿勢は重視した。本人たちを見るだけでなく隣近所にも聴きまわった。

⑧**「朝寝ごろいにゃ鶏の頭《びんた》を食わせ」**

朝寝坊には早起きができるように、早起きの鶏の頭を食わせろ。一説には、特に嫁の朝寝坊はくせが悪く労働に支障があるからとの戒めで、女に向けたことわざとも…。

⑨**「似合《にお》た鍋ん蓋」**

世間は広いもので、男やもめや婚期を逸した女でも、結構似合いの相手を見つけて所帯を持てるものだ。これは「おなごん切れと縄ん切れ」ともいい、どんな女でも女であれば、縄の端っ切れと同じで捨て置かれることはなく何か使い道はあるものだという意味。それにしても女性を縄の端切れに例えるとは…。

⑩**「味噌樽《みそだい》出たで雨が降っ」**

かねて殆んど遠出をしたことのない主婦が、たまたま出かけたら皮肉にも雨になった。こんなとき家ではこう言って苦笑したもの。夫の許可なしには外出もできなかった戦前、主婦たちがこのような言葉で笑われたのであろうか。

## 3 なぜ枕崎に光を当てるのか

### (1) 漁業に結びついた町

日本国内で製造されるカツオ節の八割を枕崎・山川《やまがわ》産[3]（山川町は枕崎市の隣の指宿市に合併）が占めており、地場産業となっている（図1）。こうした漁業の歴史と結びついた出来事が市内の銅像のモチーフにもなっている。

一九〇〇年代後半（明治四〇年代）に入り、帆船から動力船へと移行することで、漁船が大型化し航海は以前より安全になり、出漁と生命の危険との連結が薄らいだ。しかし、家人が無事に帰り着くまで、「事故はないか」「病気になっていないか」など心配にこと欠かなかったであろう。漁業にまつわる縁起かつぎの習俗の多さは、人事ではいかんともしがたい自然を相手にする生業ゆえといえよう。

四〇〇人を超す死者を出した「黒島流れ」[4]と呼ばれる台風被害で夫を亡くした女たちによるカツオ節のばら売りが始まる。一二〇年以上も前の海難事故であるにもかかわらず、子連れの行商の姿は今日でも枕崎の女の象徴となっている。頭にカツオ節を入れたカゴを乗せ、子どもの手をとり、明日の糧を得るために「カツオ節しゃいいやはんか～」（カツオ節はいりませんか～）と声をだし売り歩いたという。

また、カツオ漁は遠洋漁業のために、数か月も家を離れるが、その準備は多くの場合、昔も今も女にまる投げされている。船上で脚気にならないようにと、まだ青いみかんやりんご類などの果物を買い求め、また、下着を含む洋服類の準備などに女たちは追われる。戻れば、漁師はストレス解消に、連日酒を酌み交わす日々が続いたという（現在は様変わりし、船員も少なく高齢化し、昔のような飲み歩きはさほどみられなくなったとの話で

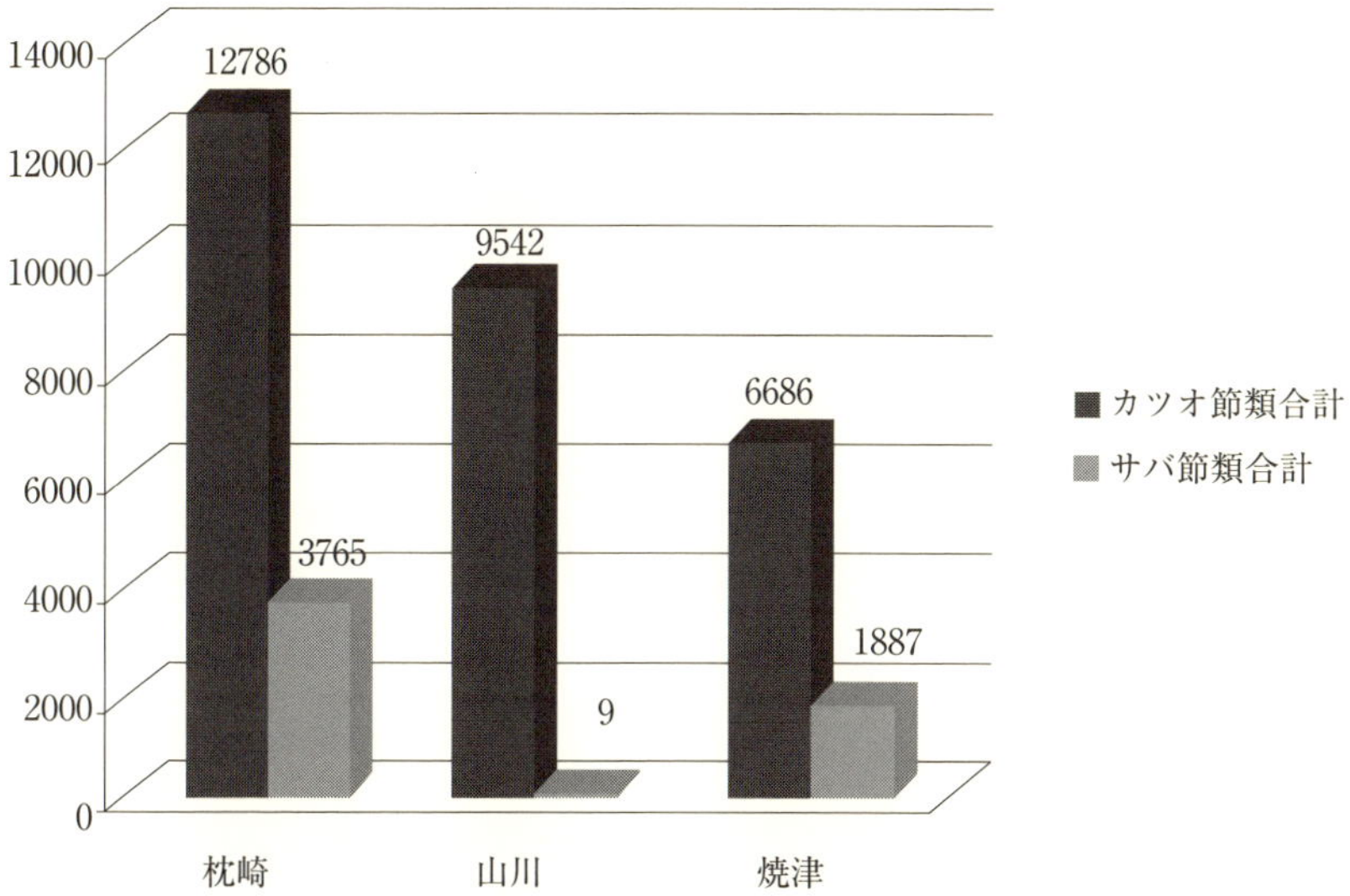


図１　2014 年主要３大地区の節類生産量（単位：トン）
出典：さつまカツオ節協会ホームページの数値を使用して作成。

ある)。

また、漁業はジェンダーに関わる呪法的習俗も多く、女性を忌避する習俗については、枕崎市誌編さん委員会や若林良和により記されている。たとえば、「女性は船に乗ることは、もちろん、見送りさえもなかった。そして、漁の道具も〝縁起が悪い〟」といって女には触れさせなかったといった類の習俗が紹介されている（枕崎市誌編さん委員会　一九九〇ａ：六〇五、若林一九九八：五〇など)。ところが、林圭史や若林の記すところによると、御神体を船に入れる宗教的儀礼では、逆に女性が尊ばれる民俗も並存している。船大工は一二歳以下の初潮をみない女子（船頭の孫娘に頼むこともあり）に御神体をつくってもらうのである（林二〇一一：五八、若林　一九九八：四九など)。漁業を生業とする者の人口比は今日格段と少なくなっているものの、枕崎は漁業に関わる習俗行為の宝庫だったのかもしれない。生業とジェンダーが深く関わっているものとして漁業が位置づけられるが、そこでは女の働きが不可視化されがちであるといえよう。

## (2) 戦争の記憶

枕崎市に着目するのは、戦争の記憶と連結する地として位置づけられるからである。柳田國男・桜井徳太郎・大越公平などの民俗学者が、戦地にいる家人の生還を祈願する戦時の「流行習俗」としての「蔭膳《かげぜん》」に言及している（柳田 一九六二：四四五、桜井 一九六二：一六、大越 一九七九：六〇）。それらによると、戦地に出ている父や夫や息子が、今日も無事でいてくれると確信したくて、温かいご飯を茶碗にもって蓋をし、蓋に湯気がついているのを見ると、今日も元気でいてくれると確信する呪法が行われたとある。「蔭膳」の行為主体の家人も、この呪法によって今日を生きる力を得たのかもしれない。枕崎を含む全国各地で「蔭膳」などの調査を筆者は実施したが、調査協力者七五人を対象とした調査の中に、戦争を体験した枕崎の高齢者の方も含まれ、この類の「蔭膳」にまつわる呪法の話も聞かれた。アジア太平洋戦争の敗戦から七〇年を越える歳月が流れようとしている今日でも、戦災の激しさを体験している枕崎の高齢の方々の戦争の記憶の鮮明さが際立っている。戦地での食糧不足が容易に想像できたであろう。(5) だからこそ、戦地にいる夫や息子に「せめても」との思いで、「蔭膳」を必死に供えた人もいたと推測される。習俗行為が不合理とはいえ、こうした呪法によって生きていることの確証を得たいと願った当時の人々の心情が、「蔭膳」という習俗行為から看取される。しかし、家人が死者として帰還する可能性をはらんでいた戦時、「蔭膳」から「お供え」への移行も起こりえたのはいうまでもない。枕崎在住の三名の高齢者の方々の聞き取りの結果を抜粋の形で表3にまとめた。

表３　戦争に関わる「蔭膳」（枕崎の調査協力者）

| 性別・年齢 | 記載事項 |
|---|---|
| 女性 91 歳<br>Y さん | すでに故人となっている義母が息子（私の夫）の戦争出征中に毎日蔭膳をしていた。義母は、自分たちの食事と同じものを一人前作って並べ、一緒に食事する感じだった。私はしなかったが。（中略）温かいごはんに蓋をすれば汗をかくのは当たり前なのに…と私は思って眺めていた。義母のする蔭膳を見て、科学的ではないと思っていた。戦争がすんで負けた時、神の国だから勝つといっていたのに「だまされた」という思いが強くなり、ますます非科学的なことと思うようになった。何も信じられなくなった。 |
| 女性 92 歳<br>O さん | 戦争に行っている人のことを生きて帰るように願って蔭膳をやった。弟や兄が海軍に行っていた間にしていた。枕崎にはアメリカの潜水艦が来ていて、船出したもののたくさんの死人が浮いていた。忘れられない。兵隊では食物が十分でないので、食物を食べさせる意味がある。歌を歌って供えたりした。配給で何もない時代だったが一心に供えた。特に戦争に行っていた弟のために。戦争は国や男たちだけのものではなかった。大変だった。「あたいたつ（私たち）が戦争だったな」。弟はマラリアにかかって戻ってきた。高熱にうなされ死ぬかと思った。**アメンボ８匹を煎じて飲ませたら、ケロリと治ったのが夢のようだ。** |
| 女性 72 歳<br>H さん | 蔭膳は母が戦争にいっている父のためにしていた。自分で食べるものと同じものを床の間に写真を飾ってそこに供えた。ケガをしないよう、病気にならないように、無事に帰ってくるようにという思いでしていたようだ。やるのは当然と思っていた。食料のない時代だったが、朝・昼・晩と蔭膳をしていた。食料が不足していたからこそ戦地はなお更だろうという思いだろう。「けがをせんように」「腹はへっていないか」と声をかけながら供えていた。 |

（佐々木陽子 2012）

Yさん（九一歳）のように戦時の蔭膳を非科学的と批判的な視点で捉えていた人もいたのは驚きだが、少数派であろう。筆者はOさん（九二歳）がいうアメンボ（太字下線部）があの水面をスイスイ移動するアメンボだとは頭から思わず、枕崎市水産商工課水産流通係および鹿児島県水産技術開発センターに問い合わせたところ、「方言でいうアメイオ、アメ、アオイオという魚を指しているのではないだろうか」とのことであった。魚図鑑によると正式名称は「くろさぎ」という魚で、スーパーでもアメという名で売られていることも知った。枕崎では今でも食され売られているとの話にとびつき、筆者はこの魚の事を指すのであろうと決めつけてしまった。ところが後日、アメンボを煎じて飲むとマラリアに効くという民間療法があり、筆者が頭から否定してかかったあのアメンボだったとわかった。共著者の山崎の父親もマラリアにかかったとき、シジミをとってきてその汁を煎じて飲んで治ったとの話を聞き、アメンボを魚と決めつけてかかった自分の無知を恥じる思いであった。

枕崎市は鹿児島県内に集中している特攻基地の中で、とりわけ知覧《ちらん》基地と万世《ばんせい》基地に近い。枕崎市誌編さん委員会によると、先の戦争で枕崎の市街地の大半が焦土と化し「街は全滅に瀕した」と言われるほどで「全国屈指の戦災都市」とされている（枕崎市誌編さん委員会 一九九〇a：二七七・二八三）。大本営が本土決戦を決定したのは一九四五（昭和二〇）年一月だが、「敵の上陸侵攻地点として、九州では鹿児島県の志布志湾・吹上浜・枕崎海岸、宮崎県の海浜地帯が重要地点」（枕崎市誌編さん委員会 一九九〇a：二七九）にあげられていた。上記の地点の中で最重要拠点とはされていないものの、本土決戦を控えての米軍の上陸拠点として、枕崎の海岸が位置づけられていたことからも、戦争の記憶が色濃く残っていても不思議でない地と捉えられよう。この連合軍による南九州上陸作戦（暗号名オリンピック）については、南日本新聞（二〇一二・八・一三）も報じている。

### (3) 平成の大合併にくみせず残った枕崎市

一九九五（平成七）年の合併特例法に始まり二〇〇五年あたりにピークを迎える市町村大合併では、枕崎市の隣に南さつま市が誕生したが、枕崎市は合併せずにそのまま残ったため、過去との連続性を前提に論ずることができる市として位置づけられる。

共著者の山﨑の話によると、住民は、「財政は厳しいが『枕崎』の名が残ってよかった。市としても手ごろな大きさだとおおむね肯定的に捉えている」ようである。財政は自力で何とかしようという結束する姿勢が目に付くとのことである。また、豊富な食材を生かしての新商品の開発、食のグランプリで度々上位入賞など、枕崎を盛り上げたいとの思いも感じ取れるとのことである。

枕崎市の漁業は、かつてのような活気ある状況ではないが、第4章でも触れているように枕崎市の業者がフランスの北西に位置するコンカルノー市にカツオ節工場を完成させ、フランスをはじめ海外の和食ブームへの関心の高まりの波に乗って需要拡大を図ろうと取り組んでいる。こうした形でも「枕崎」の地名が残ったことは地域のやる気を喚起するであろう。

### (4) 枕崎市の階級の残滓（図2）

生業の多様性（漁業・農業・半農半漁・サービス業・公務員など多様な職種）や旧士族階級（麓族《ふもとぞく》）(6)意識による言語・文化などの多様性など、枕崎にはジェンダー以外にも変数が複層的に存在し、そうした絡まり合いの複雑な土地柄ゆえのおもしろさがある。土地に長く住んでいる共著者山崎は、その階級をおおよそ言葉から見抜けるという。たとえば、言葉そのものの違いは八〇歳代以上の人たちに残っているが、それ以下の年代層ではあまり違いはない。違いは、ゆったりしたおおらかな語り口やアクセント、イントネーションなどでもわかる。言葉として日常耳に触れることは少ないものの、例をあげると、次のものなどが旧士族階級の言葉づかいとしてあげられるとのことであった。

- 「あいがともさげもした」（有難う申し上げました）＝有難うございました
- 「何《なぬ》しやっとな」（何をなさるのですか）
- 「どけ行っきゃっとな」（どこに行かれるのですか）
- 「山田さんのうちに行っもす」（山田さんのうちに行き申す）
- 「雨にないもしたな」（雨になり申しましたね）＝雨になりましたね

＊丁寧語や尊敬語もあるが、謙譲語が多いようである。周囲では男性に多く見受けられる。

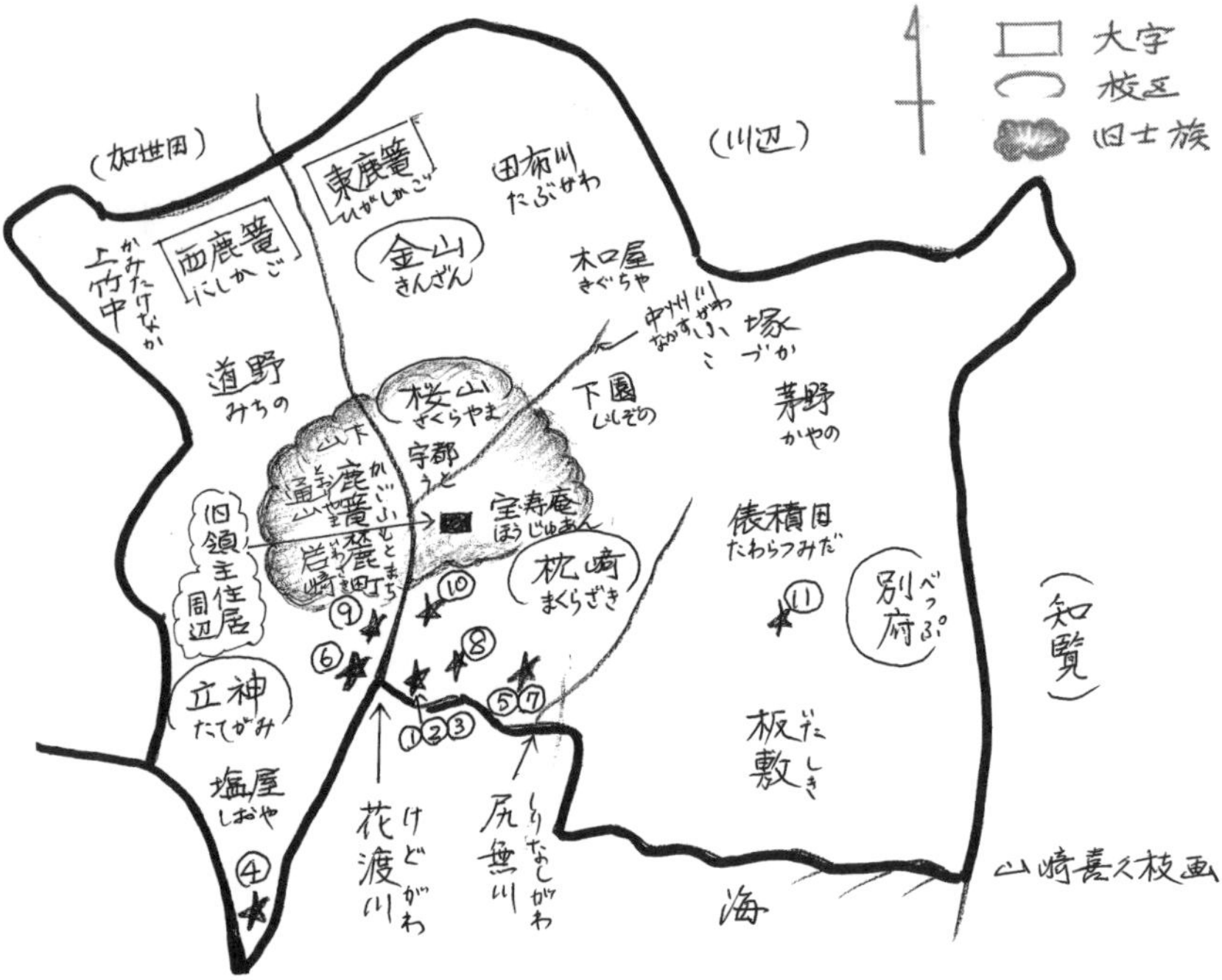


図２　枕崎市の地名・旧士族の居住地（番号は第３章の銅像の番号）

# 第2章 枕崎に生きて――女たちのライフヒストリー

山﨑 喜久枝（2〜4）／佐々木陽子（1）

本章の語り手には男性も登場するが、その語りは心に残る女性（母親）についてのものである。また、聞き取り調査だけでなく、本人が執筆したものも含まれる。枕崎の方言など、理解が困難と思われるものは、山﨑が標準語にかえて記している。

※真茅テミさんについてのみ、佐々木がインタビューを担当したが、方言の理解ができずに、山﨑に「通訳」してもらう形で進めた。

## 1 「苦労したけど、今、学ぶことは楽しいよ！」 真茅《まかや》テミさん

一九二五（大正一四）年、知覧町生まれ。両親は農業を営んでいた。三女一男の長女で働きものだった。隣村の保さんと、本を貸してもらうのがきっかけで付き合うようになり、一九四八（昭和二三）年に結婚。子どもは一女三男を育てた。

### ◆九〇歳の今の楽しみ

九〇歳とは思えないほど、いろいろ元気に語ってくださった。この年で学べる喜びを知った様子。デイケアなどは何も学ぶものがなく、実につまらない。デイケアでの食事を年寄りだからだと、スプーンで押し込

写真１　夫の保さんとテミさんのツーショット

写真２　「大空の旅」と書かれたテミさんのお習字（写真は佐々木撮影）

むように食べさせているのを見て辟易したとのことであった。「山崎先生の学習サロンは楽しく、新しいことを学べてうれしい」と笑顔で答えられた。時間があると、お習字を自宅で懸命に練習していると、同席してくださったお嫁さんからうかがった。習字数枚が部屋に飾られ、その話になると誇らしげな様子であった（写真2）。実にしっかりした筆遣いで九〇歳の人が書いた字とは思えないほどの力のある書体である。学ぶことができなかった人生の中で（厳密にいうと小学校四年生ぐらいまでしか学校に行ってないようである）、今改めて学ぶ喜びを知って、あらゆるものを吸収したいとの意欲に燃えている。「学ぶのは楽しい」との言葉が繰り返し聞かれた。

## ◆「憲法を勉強したい！」

高齢者のための学習サロンでは、一般教養のようなものを教材としてきたが、「憲法を学びたい」との声が起こり、憲法学習を開始した。講師（山﨑）は憲法改正の叫ばれていた時期ゆえに、憲法の第九六条から入ることにしたとのこと。テミさんはとりわけ熱心である。第一条からはじめ、今第三〇条あたりまで学んでいる。その中で「天皇さん」のことを知りたいということで第一条から始めたが、「天皇がなぜ男でなくてはならないのか」に疑問を抱き、「雅子さまがかわいそう」と思うとの発言がテミさんから出た。男を産め産めとの圧力の中で、雅子さんが病気になってしまったのでは…と表現され、「女の天皇でなぜいけないのかな」と率直な発言がでた。憲法そのものが男女平等を唱えていながら「おかしい」と、きっぱりといいはなった。自分の意見を実に明瞭に表現されていた。

**◆「テミが男だったら…」**

母親は体が弱く、テミさんは子どもの頃から一家の大事な労働力であり、父親は「テミが男だったら」とよく口にしたそうである。小学校も後半は家の手伝いで欠席しがちになっていった。父親の「テミが男だったら」に込められた意味を次のように言われた。働き者のテミさんは、女ながら一家の労働の主たる担い手であったがゆえに、男だったらなおのこと…という父親の思いのあらわれのようであったと。

**◆荒野の開拓農民として生きて**

「結婚して開拓農民として、荒れ野を丸一日汗水たらして耕しても、一坪の開拓がやっと。サツマイモとそのつるを主食にし、カツオ節作りで残った頭の部分と骨とを五円～一〇円で売りに来るので、それで栄養を補給するために行商人から買って食べたんです。鶏を飼ったり、粟植えたり、いろいろやったんですが、みなうまくいかず、最後に農協関係者からお茶栽培を勧められ、それがうまくいって、こんな風に今のように生活が安定しました」。今では広大でみごとな茶畑が広がっている。

敗戦二年後の一九四七年から入植が始まる。小塚集落はその後の入植者を含め、荒地を耕し今日の姿となった。小塚地区の入植は第一次第二次合わせて一九四九年まででで一五人となる。『鹿児島県史　第五巻』にもでているが、戦後の食糧難・国家財政難の中での国策としての開拓であり、農業未経験者も多く事業は困難をきわめたことが記されている（鹿児島県 一九六七：四七一）。

『開拓史』には、一節にテミさん、二節に保さんがそれぞれ文章を寄せている。

（佐々木記）

写真３　山内タミ子さんが責任者になって作られた『開拓史――小塚入植60周年記念』（2006年発行）

## ◆夫の保さんの発言

元地主の人達は何歳になったからといって農業をやめないが、自分達、開拓農民の集落では七〇歳六〇歳できっぱりやめていますよ。

## ◆人生大逆転！

開拓地は地主から国が安く買い上げ、開拓農民を募集して開墾させたが、補助金を受け取っていなくなる人もいた。元地主層の中には開拓農民に土地を取られたと思う人もいて、開拓農民との間に亀裂が入り、開拓農民に対しては差別的言動が見られ、いやがらせも受けた（サツマイモの苗を植えると全部抜かれているとか…）。開拓農民の子どもが「カツアゲ」のようなことをされる事件も発生した。「ともかく生きていくための必死の努力の結果、お茶で成功できたんです」と語る保さん。住んでいる家にしろ設備にしろ、今では開拓農民だからといって、元地主層に劣るということはない。逆に、元地主が開拓農民の農地の小作をする関係に変わった者もおり、これを保さんは「大逆転」と表現していた。

## ◆子ども四人を出産――保さんが産婆さんへと走る

テミさんは子ども四人を産むが、電気もろくにない中で、上の子たちは、一切産婦人科の世話にもならず出産。夜に陣痛がおきた時にはガンドウ（灯り）を持っている家から借りて、産婆さんを迎えに夫の保さんが走った。

### ◆『学歴のない人ほど成功する』この本好きみたいです（お嫁さんの言葉）

『学歴のない人ほど成功する』という本を暇があると読んでいて、いないなと思うと、この本を熱心に読んでいるとのこと。写真撮影の際、この本を抱き誇らしげに掲げた（「はじめに」の写真1）。

## 2　昭和とともに生きた母を語る　真茅　保さん

一九二五（大正一四）年枕崎市生まれ。兵役で宮崎に一年、一九四二（昭和一七）年から旋盤工として佐世保に三年間いた以外はずっと枕崎住まい。両親は農業で、兄妹は七人だった。テミさんを見て「良かねー」と思い、本を貸したのが馴初めだった。

### ◆働きずくめの逞しい母

私の母は明治・大正・昭和を生き抜いた、まことに逞しい母でした。男の子三人、女の子四人を育て上げてくれた、元気で、健康でよく働く母でした。それこそ食べ物もなく、着るもの、すべてのものがない時代でありました。戦争一色で何もかも国のため、兵隊のため、国に奉仕したものでした。

母は朝早くから起きて、大きな釜でからいもを蒸かし、皆が起きる頃には炊きあがっていて、そのからいもが朝食でした。漬物やカツオの腹皮があればよいほうでした。学校にもからいも三個くらい持って行き、それが弁当でした。昼は麦だけの雑炊をよく食べたものでした。夜になるとソバの雑炊を大きな鍋で炊いて食べて、それが非常に美味しいものでした。

### ◆農作業も男並みに

仕事においてはいつも中心になり、家庭はもちろん、畑の仕事においても作物の植え付けから収穫まで、母は自分で進んでやっていました。からいもの植え付けは畝《うね》を立てて、それにからいもの苗を植え付けていく仕事ですが、その畝立てが母の仕事でした。朝早くから夕方まで働いていました。

草取りなどは真夏の暑い盛り、ほこりだらけの畑の中を何も履かずに裸足で、つぎはぎだらけの着物を着て、いつも半分破けたような「すげ笠」をかぶり仕事をしていました。どこへ行くにも私を連れて行きました。薪取りなどいつも二人でした。母は大きい薪のたばを頭にのせ、私を背中におぶって遠い山道を帰ってきました。

水汲みなども大きなバケツで遠いところから朝昼晩と何回も汲んでおりました。馬に食わせる草なども少しの暇で刈ってきました。私も学校から帰るといつも草刈りに行っていました。

### ◆「働くことが一番」が母の口癖

母が私にいう言葉に「人間は働かねば食べていかれんよ。勉強なんかしても何の役にもならぬ。それで、働くことが一番だ」がありました。いつもそう言われていました。土曜・日曜はいつも仕事に連れられて行きました。

私は勉強しないもので、学校の成績はいつも悪いほうでした。宿題などもただ申しわけ程度、夜になって電灯の下で簡易に書いていき先生からよく叱られました。

弟が小学校二年の頃重い病気をおこし大手術を行いました。その時、弟と一緒に父が肺炎を起こし一緒に入院することになりました。父の治療は一時間の間隔で温湿布をしなくてはならない病気でした。その温湿布療法を母が一人で毎日繰り返し頑張ってくれました。おかげで父は元気になって退院が出来ました。

### ◆昭和と共にこの世を去った愛情深い母

母は八六歳で亡くなりましたが、私も今年でちょうど母と同じ年齢になってまいりました。母の一生を振り返ると、本当に何もない時代、よくも七人の子どもを丈夫な身体に育て上げてくれたものだと思います。私たちは九〇歳の姉を頭に七人とも皆健康で今も頑張っております。これも何か母が残してくれた遺伝のたまものだと喜んでおります。母は昭和とともに生きた人間でした。奇しくも昭和六三年一二月三一日の夜、この世を去って行きました。

田舎者で学問ひとつない母でしたが、私の心の中、身体の中を温かい愛情で包んでいてくれて、いつも感謝しております。

### ●●●インタビューを終えて（後日、この文章を持って確認をとりに行ったときのこと）

寒い冬の昼下がり、ご夫婦と息子さんのつれあいさんも一緒にゆっくりとしておられ、色々お話が聞けた。先ず、文章はこの通りで良いか確認の意味で、私が大きな声で読み上げた。保さんは恥ずかしそうにして謙遜されていたが、その目はうるんでいるのが分かった。お母さんの姿を思いだされたのであろう。私も胸がいっぱいになった。

「保さんは、学校の成績が悪い方だったと書いてあるけど、今まで良い成績だったとしか聞いてないけど…」と水を向けると、本人は笑ってごまかした。

妻のテミさんは「同級生の白沢先生が遊び来た時きゃ、ゆう『保はビンタがよして、いっも級長に押されちょったと。級長をすごっのして別のとこれ行たたんど』と言おったとお」と話してくれた。成績が良かったので学級委員長に推薦されていたが嫌で嫌で逃げ出したのだという。私も何回か聞いていた話なので「どうしてうそを書くの？」と問い詰めると、坊主頭をガリガリとかいて笑うだけだった。

ここ小塚は戦後開拓集落の地で、ご夫婦で入植して来られてから大変な苦労をされている。そのことを記録した「開拓史」にある保さんの文章は当時の様子が目に浮かび、空気も感じられる名文なのである。テミさんの文章もまた記憶のしっかりした力強い文章で夫婦そろって「文筆家」なのである。

何しろ恋のきっかけが本の貸し借りなのだ。七〇年も前のこと、保さんがテミさんに本を貸してあげた。貸してくれとも言わないのに…と思ったが、テミさんはちゃんと読んで早く返さなくてはと思って必死に読んだ、というのが馴初めということだった。

お二人とも本を読んだり、文章を書いたりするのはお好きなのかもしれないと思った。

（山﨑記）

## 3 「希望の明日は必ずやってくる」　立石愛子さん

一九三五（昭和一〇）年七月枕崎市生まれ。大阪の紡績工場で六年働いた以外は枕崎で生活した。父親は鰹船に乗っていたが、のちに八幡製鉄所で働いた。母は農業を営み、子ども三人を育ててくれた。いとこの石雄さんと一九四六（昭和二一）年に結婚した。

山や海に囲まれた枕崎に生まれ、立神岩を毎日見られる幸せを味わいながら八〇年生きてきた。まだまだしたいこと書きたいことは数えきれないほどある。いつまで生きられるのか分からないが、生きている限り、この命ある限り私の思いを精一杯伝えようと思う。

いま、東日本大震災支援活動の一人ひとりの思いの強いことが分かり嬉しくてたまらない。日本人は温かい心の人、思いやりの心のある人が多くなって、あちこちで自分に出来ることをしているのを見るのが嬉しい。

枕崎の女性史を書くことになったので心を静めてゆっくり記憶をたどってみたいと思う。

### ◆幼少期――「戦争」という言葉が怖い

私が物心ついた六歳の頃、毎日空はどんよりとしていた。来る日も来る日も大人達は戦争の話をしていた。「支那事変」とか「戦争、戦争」と暗い言葉ばかりで、毎日が怖かった。夢のない少女時代をすごした。

七、八歳の頃は、母が麦をうすでついて夜は麦飯を食べた。コツコツ一回つぶして二度目とつぶす。その二度目がとても長い時間がかかった。早く友達と遊びたくて仕事を放っぽらかして遊んでいたら、母から大変叱られた。「女の子でしょう。何でもできないと女の子は…」と。食べる物のない時代、その頃の一番の楽しみは三度の食事。でも、白い御飯を食べることはほとんどなかった。少ない米の上にさつまいもを小切りにしたものを乗せたり、または麦、粟を入れたりした。「むんの飯《めん》のに汁《すい》かげ」（麦ごはんに汁をかけて食べるもの）が食べられればいい方だった。母に卵が食べたいといったら、カボチャをつぶしてご飯にまぜ、卵ご飯のつもりで食べなさいといわれた時代だった。でも、同級生や近くのお姉さん達とレンゲ畑にいって「春の小川」を歌ったりするのはとても楽しいものだった。

### ◆父の思い出――黄色いセーラー服

七歳の時、一年生になった私に、父が黄色いセーラー服を買ってくれた。誰も着ていない色だった。父親との思い出はあんまりない。私は三人きょうだいの二番目として生まれ、四つ上の兄はよく叱られたが、私は可愛がられた記憶はある。父は少し目が悪く、眼鏡をかけていたのでカツオ船には乗れなかった。家族も何ヵ月か福岡県の八幡で過ごしたが、やっぱり枕崎が恋しくて父に頼んで帰ることにしたそうだ。父を一人下宿させて、私たちは枕崎に帰り、四人でサツマイモや麦を作り農業で暮らしていた。

写真４　立石愛子さん（10代の頃）

四つ上の兄はおとなしい性格で枕崎水産高校に行っていた。七つ違いの弟を背中におぶって私は母と畑に行く日々だった。都会では毎日サイレンの音が聞こえ、戦争のニュースばかり。食料は相変らず乏しくお盆の料理はカボチャ、ジャガイモが何年か続いた。麦をよく食べたが、麦菓子が最高のおやつだった。遠足に卵がほしいなーといったら、母がぜいたくだといい、芋の入ったおにぎりに高菜の葉っぱを巻いたもの二個、それだけだった。グリコキャラメルや八幡で買ってもらったアンパンのおいしかった事を思い、明日がきたら…きっと、いつかは又、あのアンパンが食べられる日がくると信じた少女時代だった。

◆戦争——子どもだから遊びたかったのに

戦争はいよいよ激しくなり、八月六日広島に、九日長崎に原子爆弾が投下された。枕崎でも毎日のように警戒警報が鳴り、私の家には水道がないので近くの川に水をくみに行く時は怖かった。時々、母は町内にバケツを持って出かけていった。私は同級生とお手玉や縄とびで遊びたくてたまらなかった。広島や長崎が原爆で町がこわれ、毎日戦争の話。私の家はラジオがなかったので、母が外から聞いてきて「枕崎にも来るよ」といった。母は防空訓練の毎日、空はどんよりと曇ってサイレンの音「二回目の警報は危ない」とか、そんな話ばかりの時でも、私は遊びたくて、縄とびをしたりするのは楽しいものだった。

◆特攻に行く近所のお兄さんへの憧れと千人針

女の私は、近くのお兄さんがとてもかっこう良くて「マッゲハン」（巻きキャハン）をした姿にあこがれた。母がその兄さんもあの息子さんも特攻隊に呼び出されて明日発つ、あの人もこの人もお国のため行くんだといっていた。近くの兄さんたちが「同期の桜」や「日の丸の歌」「ゴーチン、ゴーチン」(7)を歌いながらみんな死んでくるのだと思ったら少女の私は胸がさわいだ。その思い出は忘れられない。母が、そんなに悲しいのなら「千人針」をしなさい、赤い糸を丸めて玉を作り千人の人にお願いして作りなさいといい、白い木綿の生地を沢山の人に回して頼んだ。出来上がったものを戦争に行く兄さん達にモンペ姿で持っていった事があった。そんな時から、私は明日夜が明けたらきっと戦争が終わりをつげる日がくる。きてほしい。タマゴが食べたい。グリコキャラメルがほしい。アンパンがほしい。きっと明日がきたら何か良い事があると信じていた。そしてスカートが着たかった。毎日、カスリのモンペに重い防空ズキンを必ず背中に背負っていた。袋にはメンソレータム、タオル、バンソーコー、赤チンが入っていた。

## ◆枕崎空襲で火の海

隣の君ちゃん、近くのマレちゃんと遊べる日が、明日はきてほしいと願って休んだ翌日、七月二九日朝八時頃、麦めしにカボチャのみそ汁の朝ごはんを食べた。兄は水産学校に、私は弟を背負い、母は鍬と鎌を持って、三人で板敷のシビラ畑(8)(地名)に向かった。朝から警戒警報のサイレンが鳴り、今日は何かあると母は予感していた。途中でけたたまで(けたたましい)サイレンが鳴り、鐘もなり、もう爆弾があちこちですごい音、後ろを振り向くと、枕崎市内は火の海だった。岩戸山の権現山という防空壕を作ってある所まで必死に歩いた。上空にアメリカ兵のグレー帽をかぶった進駐軍の姿がはっきりと見えた。弟を背負い、暑さも忘れて懸命に防空壕迄よろめきながら歩いた。飛行機が近くを飛んでいるので怖くて里芋の葉っぱをかぶり私の顔だけかくした。弟は泣きわめくばかり。飛行機に乗っているアメリカ兵を見た時、女の私はもう死ぬのだと思った。母の姿はなく、あの怖い時、家の仏さんの品物と小銭入れをとりに行くとつぶやいた事を想い出し、今私は死ぬのだと思った。やがて時間が経って、アメリカの飛行機は枕崎の町を焼き尽くして遠のいていった。

## ◆「防空壕に入れてください」——弟の足をつねった私

B29の飛行機は大都会に爆弾を落として、とうとうこの枕崎にまで来たかと大人たちは大声でわめいていた。夕方になっても母とは逢えなかった。私は三歳の弟がわめくので、弟の二本の足を泣くな、泣くなとつねったことを憶えている。夜、防空壕で過ごす人達の所に登っていった。すると、大人達は「その姉と弟は、泣くと進駐軍に聞こえるから入れるな」と叫んだ。私は弟の足を、「泣くな、泣くな」とつねりながら入れてくださいと頼んだけれど入れてくれなかった。「その姉弟を入れるとアメリカ兵から皆やられる」と、私と泣きわめく弟は外に押し出された。足を何回となくつねられ、泣く弟を岩戸の下の尻無川でおろした時、弟は沢山のおもらしと涙と汗と鼻水でグッショリ。重い弟をおろすと、弟は疲れ果てて、「チンチンアイタ、水、水」と叫ぶ。私の背中もビッショリ。ひもじさも忘れ、「ネエヤチンチンアイタ」とかすれた声で泣く小さな弟を、ごめんね、ネエヤは分からなかった。命を守るため、背中の弟の足をつねったりして、足は真っ赤になって、裸になって海の水で洗いながら私と弟は大声で泣いた。「ごめんね。痛かったね——」と力のかぎり抱きしめて泣いた。朝から夕ぐれ時まで飲まず食わず、初めて何か食べたいと空腹に気がついた。水がほしいと叫ぶ弟に海の水をすくって飲ませると、ペッペッとはいて、又大声で泣き出した。うす暗い夕ぐれの空を見上げて「食べ物がほしい、水がほしい」と叫んだ。近くにイモ畑があり、イモをかんで弟の口に入れた。土に手をつっこむと小さいカライモがあった。私はそのイモの土をはらい、まず自分で噛んで、生イモのおいしい汁を食べてから弟の口に入れると又泣き出す。それでも弟は口の中でモグモグしながら「水、水」とわめく。海の水がこんなにも塩辛いものかと恨んだ。

## ◆母の声がする

夕方、「愛子、愛子、博一、博一！」と叫ぶ母の声が聞こえてきた。その時は、もう死んでもいいと思うほど嬉しかった。三人で抱きあって喜んだ。歩いて茶円村、今の仲町迄、焼かれた家についた時、母が手ですくってきたものは、一週間ぐらい前ついたミソだった。焼きミソになり真っ黒なミソを私と弟にのませた。又弟が「水、水、水」と叫んだ。何十回水、水を聞いた事か。今思うと、水のありがたさ、腹のすく事の辛さと共に、忘れることのない、昭和二〇年七月二九日であった。兄も学校で助かっていたとの話を聞いた。顔は焼け焦がれていたという。

### ◆戦争は終わった！

金山にいたためラジオもなくニュースも後で聞いたが、天皇陛下が終戦を、敗戦を告げたという。それを聞いた時は今思うとドラマが終わったような感じだった。父は会社から三日間ひまをもらい帰ってきたのだろう。三日間、父に抱かれてきょうだい三人で公園で遊んだ。公園で兄と私に、きっと明日はいい日がくるから、母さんを頼むと言った時の淋しい目は忘れられない。一七日の朝父は福岡に帰って行った。汽車の中から手を出して握った父の目は怖くてきつかったと、母はよくいっていた。

### ◆信じられない父の「戦死」

八月二〇日夕方六時ごろ、『立石岩内死す』という電報が届いた。母は信じられない、何かの間違いだと叫び、わめき、泣いた。私たちが八幡に着いた時、父の体と首は別々に分かれていた。三四歳と若かった父は六〇人入る防空壕の中で壕の一番入口に立たされ、B29から直撃を受けて吹っ飛んだという。「なぜ、なぜ！終戦を告げたのになぜ！」と母は気が狂ったように父の体に、立石岩内と書かれたポケットの名札にすがりついて泣いた。あの時の母の辛さ、悲しさはいかばかりだったか…。

私は「戦争が終わったのになぜ『戦死』なのか」分からない。未だに誰も答えを出してくれない。未だに納得のいかない父親の最期である。いろんな形で一度は別れなければならない人と人。母がいじらしい。今は天国できっと幸せに過ごしていることだろう。そして私は今、精いっぱい生きていると叫んで母に伝えたい。

## ◆食べていくためのヤミ商売の開始

母は三人の子ども達に腹いっぱい白い飯を食べさせたいと、ヤミ商売を始めた。汽車の中で捕まりそうになり、窓から品物を落としたこともあった。何かあると仏壇の前で泣き叫ぶ姿を何回も見た。私が中学二年の頃はあまり勉強する時間はなく、よく山に行った。山学校と名付ける山の仕事「あえこさん」(たきつけにする柴を集める作業)という仕事をさせられた。三年のとき、お別れ遠足があった。家庭の良いところは霧島、お金のない人は鹿児島と二つに別れて行く。私の家は苦しかったけれど、母にねだって霧島の林田温泉に泊まった。枕投げっこをしたのが楽しい想い出。最後の遠足だった。

生活のために私たち親子もヤミ屋をやり始めた。折スカートの中にブルマースを着てカライモアメを腹巻きに入れて福岡迄売りに行った。学校を休み、都城まで米やカツオ節を持っていったこともある。向うでもとても喜ばれてヤミ屋が楽しくなった。が、やはり違法は許されず汽車の中に警察の姿が見えると、母は窓から米を落とし、一駅先で降りて、私に「お前は折スカートの中に隠して無事帰ってくるように」といった。その時の辛さ、涙も出ない。折スカートを翻して芸をするマネをして何度逃れた事か。生きていくためには、「女は縄にもカズラにもなりなさい」とよく母はいった。女だからひもじい思いも、戦争という怖い思いもいっぱいした。でも、同級生が四百人以上いて、同じ苦労した仲間と沢山めぐり逢った事は私の財産だ。勉強もしなかったけれど、いっぱい遊んだ。今度生まれてくる時も又同級生と一緒に学びたい、遊びたいと思う。

## ◆警察につかまりながらもヤミ商売の続行——スカートにしのばせて踊るふりして

その頃は、クツや草履を履いている人はわずか数人で、ほとんどは裸足で学校に行くものだった。高校に行くのは恵まれた人だけ、クラスの中でも数人だった。みんな中学三年で卒業、男はカツオ船、女はイデゴヤ（カツオ節工場）や大阪・名古屋の紡績に就職した。

　母は着物の帯にカライモアメを巻いてヤミ商売に出て、今度は久留米の駅前の菓子店に卸すようになり、私もヒダスカートの下にカライモアメを巻き、久留米迄ヤミ屋をやった。警察の目を逃れての仕事は辛いものだったが、兄と弟が待っている事を思うと辛くはなかった。弟は水とカライモさえあれば帰ってくるまで待っていた。今度は母と二人、枕崎で油のヤミ屋をした。警察に捕まり母は連れていかれた。そのとき母は私に目で合図した。「お前は、この前教えたあの店にヒダスカートで隠している油四升入りのカンを一人で店に届けなさい」と。私は無事に届けて代金をもらってきた。母は喜んだがそれからも何回となくそんな事を続けた。また、こんな事もあった。警察に捕まると「主人は終戦になったのに、国のためB29で八月二〇日にやられた。三人の子どもたちのため許して下さい」と。私はそんな母の姿が悲しかった。駅のホームに警察がくると、私はいつも踊るふりをしてスカートを翻した。何回も逃れ、一回も捕まらなかった。

## ◆強くなった母

　ある日、帰ってみると、兄が学校をやめて、熊本の土方に働きに行ったと弟から聞いた。母は気が狂ったように、何のため母が働いたのか、学校だけは止めてほしくなかったと、仏前で叫んだ姿が忘れられない。母は熊本迄連れ戻しに行った。母は強い母になっていた。子供たちに白いごはんを腹いっぱい食べさせたいと、父のいない悔しさをぶちまけてわめくような姿であった。

## ◆体重三七㌔で紡績工場に就職を断られ…

　私が中学三年生、三歳違いのいとこ石雄は一四歳で船に乗っていた。伯父や伯母から、「愛子は働き者だからやがて夫婦になれ」と冗談によくいわれた。私はカツオ節工場でも働けない小さな体だった。みんなが貝塚紡績に行く事になり、私も紡績で働きたくて大阪迄行った。仲介人に連れられて、枕崎から二〇人、一〇人と二回に分け、私は二回目に行ったが、体が小さくて採用されなかった。体重が三七キロの私は三九キロないというので不採用となったのだ。「紡績に行ったら五年間は帰らず働いてくる」と母に約束していた。五年したら結婚しようと（あこがれていた）立石石雄と決めていた。どんな事があっても五年間紡績で働くのだ、そして石雄と結婚するのだ、固い決意で大阪に行ったのに一人だけ不合格となり帰るように言われた。その時の辛さ、悔しさ、どうしてこんなに体重がないのか。大阪の紡績のトイレの横で夜を明かした。六月だったけれど、寒くて夜空を見上げたら涙がこぼれた。母との約束を思えば帰るに帰れず一夜を明かした。

### ◆一二時間労働を条件に別会社に就職

翌日、一駅歩いて貝塚市一才という個人紡績を見つけ、頼み込んだ。「一二時間働いてくれるか」と聞かれた。「一生懸命働きます、どうか使ってください」と頭を下げたが、「体が小さくて巻き糸に届かないから無理」といわれた。が、私は懸命に頼み込み、働くことになった。五年間、一日も休まず一二時間働き、後の一、二時間は洋裁学校に行った（写真5で着ている洋服は手作り）。部屋の八人いる姉さん達が、夜間一二時間働くため、おやつ買いなどの使い走りをして、小使いをもらい、それで洋裁学校の費用に当てた。部屋の片づけ、皆さんの繕いもの、なんでもできる事はした。会社の中でもお茶沸かしたり、ストーブに火をつけたりと人より先に行って働いた。

### ◆がむしゃらに働いた五年間には慰めも

巻き糸に届かないので台を作ってくれた人、手が切れて血が出るのを慰めてくれる人、優しい人、いじめる人、いろんな人がいた。私は一生懸命働いた。家族のため、毎月六千円もらう給料のうち五千円ずつ貯めて半年ごとに三万円を送金した。手紙は毎日書き、ためておいて一週間に一度まとめて送った。糸つなぎの紡績の仕事は辛かったけれど、大阪の大塚工場で美空ひばりの歌を聞いたり、踊りを見たりする日曜日、こんな幸せもあるのだと思い、辛かったことはすぐ忘れる私だった。楽しいことが沢山あったと今では懐かしく思い出す。一ヵ月の給料が六千円でも私は一二時間働くので八千円（内二千円は洋裁学校の授業料）、休日なしで働くので、この子はあまり働き過ぎる生意気な女の子と悪口も言われた。いじわるをされても五年したら帰れる喜びのほうがずっと楽しくて、辛いと思わなかった。毎朝、仕事に行く時、きれいなピンクの口紅をつけてくるお姉さんがいて、私の大好きなタイプ。何を言われても、やがて私も結婚したら、ピンクの口紅をつけて愛してくれる人に見てもらうことを信じて働いていた。

### ◆ルース台風

昭和二七年頃、枕崎がルース台風という超大型の台風で大変な被害を出した。家も相当流されたという。電話もなく、手紙だけが頼り、母の手紙に「家の瓦が吹き飛んだ、愛子、助けてくれ」と書いてあった。その時送った二万円は大金だった。親孝行出来たことは最高の喜び、宝だ。五年五ヵ月でやめる時、部長が退職金も嫁入りの祝いも年金もちゃんとしてくれて、私はありがたいかぎりだった。嫁入りの仕立てもできて、五年五ヵ月、一日も休まず働いた金は母に全部渡した。

写真５　立石愛子さん（20代の頃）

### ◆私の憧れの人

丁度その頃十一海洋丸で石雄が入港してきた。一生懸命勉強したらしく、一九歳で船長をしていた。大阪にいる間、いろいろ噂を聞くこともあった。きれいな女の人が新築の家に来ているとか、あの人この人とよく耳に入った。でも、手紙で約束していたので、何があろうとこの人と決めて信じていた。その頃、母から「兄さんが嫁さんも貰わないのにお前は嫁に行けないよ」

との手紙、兄は家族のため水産学校に行った。（兄をさしおいて妹の）お前から先に行くわけにはいかないと。

## ◆おまえが男ならよかったのに

兄は自分から嫁さんを見つけられる人ではない。小さい頃から、愛子が兄で君雄が妹なら良かったのに、女の子のくせに、ませて男の子のようだ、何でもやりすぎ、いいすぎ、と伯母にいわれるものだった。悩んだ私は、兄にふさわしい人を一生懸命さがした。そして二つ違いのいいお姉さんを見つけ、兄は先に結婚。私は後にして、母も喜んだ。兄は水産学校を出て、世のため人のため又家族のためにカツオ船で働き、優しい嫁をもらって、六五歳で病気で亡くなった。おとなしい、いい兄だった。大事な大切な兄貴だった。又、今度生まれてきても君雄兄さんでいいと思う。兄の子どもも二人。今は毎月お姉さんが墓参りして、父、母、兄の墓を一人できれいにしてくれる。いつもありがとう、感謝です。

## ◆風変りな結婚式（一人花嫁）、幸せな生活

私が二一歳、石雄二四歳で結婚。その頃の習慣で、船乗りはカツオ船が出港してから結婚式をした。花婿のいない結婚式、今思えばおかしいなと思う。伯母さんに手を引かれ、花嫁姿だけは作って、小さな式をするものだった。(9) 当時は、カツオ船が港に沢山いて、毎日水揚げでにぎわった。カツオが沢山とれた家族には、三分金といって魚がとれただけ三等分して、経費・会社・家族と分けて生活していた。大漁だったら一年位で家が建つ事もあった。夫は一九歳で船長免許を取り、船長生活二〇年、その後、船頭生活を一〇年近くした。昔の港はにぎやかで店も数多く、枕崎の町は活気に満ちていた。でも、カツオが取れなかったら、生活費もない。昭和三五年〜四〇年と三分金で生活した。足りない時は母親の所でサツマイモとカツオの腹皮と骨を食べた。その頃は船乗りの家族はそんなものだった。

昭和三二年長女、三六年次女、三八年長男が生まれた。私は洋裁で仕立て直しなどして子育てした。決し

ていい暮らしとは言えなかった。親子ラジオ(10)、漁協の無線から流れてくる夫の船の様子を聞きながら大漁を願った。又、美空ひばりの歌を聞く幸せ。貧しかったけれど、毎日夫の帰りを待ち、子ども達と楽しかった。同級生に子どもが生まれると、とてもうれしいものだった。私が先輩だったのでいろいろアドバイスするものだった。町はとてもにぎやかで人通りも多く、パチンコ店・コーヒー店・飲み屋、港祭りも枕崎駅から流れるように人がいた。人口三万四、五千人。銀座通りも人があふれていた。毎日、カツオが並び、夫を送ったり迎えに行ったり、三人の子どもを連れて夫と過ごした日々は幸せだった。

## ◆現在は

長女は今、五四歳、久留米でイチゴ農家を、孫二人。次女、五〇歳、大阪で暮らし、孫二人。長男は五二歳、鹿児島市内、子ども二人。それぞれ人並みの苦労をしながら生活している。

子ども達が大きくなった頃、夫は喜入のタグボートに乗り換えた。海にもぐり、耳を悪くして酒におぼれる事もあった。漁が思うように行かない事もあった。が、枕崎漁業のため、人のためよく働き、誰からも尊敬される人だった。酒が好きで、人のことを心配し、お年寄りを大事にし、同級生のリーダーになったり、女性にも優しくしたり、大きな思いやりのある人だった。喜入のタグボートの船長一六年間、インドネシア・スマトラと五年間留守家族だったこともある。四九年間夫婦として幸せに過ごした。平成一七年二月一二日、七二歳で夫はこの世を去った。僕は幸せだったという言葉を残して。孫六人のじいちゃん、ばあちゃんになり、毎日幸せな日々を過ごすことが出来た。

## ◆勉強はチャンス

戦争中は勉強ができなかったが、五十代になってすばらしい勉強会に参加できるようになった。人として当たり前の事ができていない、世の中、自分を気づかせてくれる。生きた勉強だと思った。二〇年近く

図6　立石愛子さん（80歳）

夫婦で学んだことは、私にとってかけがえのない財産である。死ぬ前、夫は「洋裁の仕事と勉強会だけは続けていくように。そうでないと友達はできないよ」と目をつむる迄言っていた。今も早朝、まだ人が眠っている時間、澄んだ空気を胸いっぱい吸い込みながら、私は勉強会に参加している。今度生まれてくる時も女でありたい。一番嬉しい事は、八〇歳になっても同級生がまだ沢山元気なこと。枕崎でも百人はいることに感謝。今、思うと、七〇年前のあの戦争で食べる物もなく、大勢の子ども達を命がけで育ててくれた両親の苦労があったからこそ、私たちは沢山の同級生を持つことができた。どんなに貧しい生活でも仲間がいるという事は、生きてさえいれば昔の事は思い出として語れる時がくるということ。こんな自由で物のあふれた時代を生きているのだ。

### ◆たくさんの出会い

今のこの少子化時代、枕崎の町も子どもが少ないのが淋しい。十五夜の綱引き、ヤントヤッセの声も今は聞こえない。正月遊びも外で雪の中で遊んだ。楽しかった。あの頃が懐かしい。自分の生きてきた道を子どもや孫に伝える機会もなく今日迄きたが、「女性史」に残す事ができて本当によかった。企画して下さった山崎喜久枝先生に感謝。苦労したからこそ、今に感謝する気持ちがあり、このたび平成二三年三月一一日のあの大震災を思うと、胸が痛くなる。世界中の人の心がひとつになってほしい。私の小さな苦労なんてこのたびの犠牲者や被害者の方に申し訳ないくらい。自分にできることは何でもしなければと思う。

人間大好き、いろんな人がいるから人生おもしろい。貧しくても昔の人達は子どもを沢山作ってくれて、八〇歳の今でも同級生が百人以上いる事は、昔の親御さんに感謝。作ってくれた男性、産んでくれた女性、だから私たち八〇歳になっても同級生がいるのです。すばらしい事です。大切に、大切に一年に一回会う日を楽しみにしている今日この頃です。八〇歳、まだ元気、まだまだしたい事が沢山ある。大勢の仲間と一緒に生きよう、希望の明日は必ずやってくるのだから。

コラム

## ラッパ節

小川学夫によると、ラッパ節は明治三〇年代末、東京在住の演歌師、添田唖蝉坊《そえだあぜんぼう》によって作詞され歌われ、すさまじい勢いで全国に流行したものとされている。字余りはあるが七五七五七五七五調音を中心にハヤシがつくものもある。たとえば､元歌のハヤシ詞の「トコトットット」が、機関船の舵輪の「ラットラット」に変化し、伝播過程で多様に変わっていったようである。批判精神旺盛なものもあり、小川は以下の電車賃上げに対する歌を紹介している。

天下の公道を　利用して　七・五音
不当の暴利を　占めながら　七・五音
尚飽き足らで　嘘をつき　七・五音
値上げするとは　太いやつ　七・五音
トコトットット　（ハヤシ詞）

その後、思想家の堺利彦の要請を受け、「社会党喇叭《らっぱ》節」も作り歌い始める。金持ちの百姓搾取を揶揄する歌もあり、以下の歌詞は知られているといえよう。

家族の妾の　かんざしに　　八・五音
ピカピカ光るは　何ですえ　八・五音
ダイヤモンドか　違います　七・五音
可愛い百姓の　膏汗《あぶら》　七・五音
トコトットット　（ハヤシ詞）
（小川 二〇〇六：一二四）

題材も滑稽話から男女の機微、戦争もの、世相を映し出したものなど多岐にわたる。鹿児島県坊津のカツオつり船の船頭歌などが残っているものの、ラッパ節についての系統だった研究はないと小川は推測している。たとえば、与論島の例をあげ、歌われているラッパ節は、炭鉱労働者や紡績女工などの出稼ぎ労働者や出征兵士が持ち帰ったのではと記している（小川 二〇〇六）。

以下は、立石愛子さんのうたう枕崎のラッパ節である。ここでのラッパ節の「ラッパ」とは、漁船の出入りのとき、ラッパを吹いて合図をしたことからつけられたものだという。その次のが、青野タツ子さんがうたう坊津のラッパ節で、いずれも直接・間接に山崎が聞き取り書きとめたものである。

（佐々木記）

### ◆枕崎の立石愛子さんが歌うラッパ節

①行けよ行けよと　誘われて　行けば　鰹船の餌配り　仕事慣れずに人慣れず　星空　眺めて泣くばかり
②朝起き空を　眺むれば　小さな小鳥が　夫婦連れ　とりさえ夫婦の世の中に哀れ主さん　ただ一人
③今どんのコンパニセ　生意気な　道を歩くも　巻たばこ　真から吸うのか知らねども　吸うて吐きだす色たばこ
④沖にちらちら　鰹船　あれは確かに　協洋丸　協洋丸には用はねど　乗ってる主さんに　用がある
⑤私とあなたは　沖の船　遠く離れちゃ　いるけれど　かたく結んだ錨づな　雨風吹くとも　切れはせぬ

⑥主さんよく聞け　この歌を　酒を飲むなよ　あばれるな　決してそこらの女には　甘い言葉を　かけやすな

⑦一山　二山　三山　越え　三山の奥には　八重桜　なんぼ色よく　咲いたとて人が通わん　すたれ花

⑧あなた御殿の　八重桜　わたしは谷間の　下り藤　及ばぬ恋と知りながら　及ぼしください　ねえ貴方

⑨私がうちから見る月も　あなたが沖から見る月も　月に変わりはないけれど　はなればなれが　辛うござる

⑩主さん船乗り　やめなされ　雨にはたたかれ　陽にゃ照られ　色も黒なる名もすたる　ほかに商売　ないかいな

⑪ほかに商売　あるけれど　沖から帰りしその時に　可愛い妻娘の顔見れば　つらい船乗りゃ　辞められぬ

⑫私とあなたと　成るときは　いちばん最初は　横目から　しだいしだいに　真正面　今は白歯でわらい顔

⑬今鳴る時計の　針でさえ　一日一度は　逢うけれど　私とあなたは一年に　一度逢うやら　逢わぬやら

⑭私と貴方と　添われんときゃ　出雲の神に　願をかけ　それでも添われぬその時は　レール枕に　汽車を待つ

⑮私にぽんのうが　あるならば　逢いに来てくれ　大阪へ　日本紡績　株式の　高いエントツの　下に居る

⑯それでも分からぬ　その時にゃ　レンガ造りの　倉の中　兄だというて面会に　妹だと言うて　抱きしめる

⑰あなた小柳　わしゃカエル　飛びつきたいとは　思えども　及ばぬ恋の滝のぼり　時節待つより　外にない

⑱逢いたい見たいは　かぎりない　山じゃ木の数　かやの数　三千世界にゃ星の数　千里向こうの　主の船

＊まだまだある。知人などのお宅を訪れた時、その屋の主・夫婦などを愛でて、即興で如何様《いかよう》にでも作れるということである

## ◆坊津の青野タツ子さんが歌うラッパ節

①船が出る出る　坊津を　見送りしましょか　岬まで　船が出るまで　消えるまで　明日は釣ってこい青野丸

②明日は釣る釣る　ガザの西　釣るには二千も　三千も　そこでけ上げて　帆を上げて　ハンニョイサーサーの　さけび声

③つり上げ電燈　下にさげ　寝ている父ちゃんの　顔見れば　もとは他人でありながら　どこにぼんのうが　あるのやら

④前の花壇に　菊植えて　葉も菊根も菊　花も菊　天皇陛下の　紋も菊　わたしゃ主さんの　便りきく

⑤あなたの親切　巻たばこ　口先ばかりが　うまうまと　しんから燃えつくこのわしを　吸うて吐きだす情けなや

⑥松にもだんだん　名がござる　赤松黒松　ごじょう松　沖のたいせん　嵐まつ　わたしゃ主さんの　便り待つ

⑦まわる時計の　針でさえ　一日一度は　会えるのに　同じ坊津に　住みながら　なんで会えない　人なのか

＊立石愛子さんの歌う枕崎のラッパ節は、おもに男性の立場から歌うものが多いのだということを聞いている。（二〇一四年三月　立石愛子さんがうたっているテープを借り山﨑がテープ起こしをした）

＊鹿児島県南さつま市坊津町在住で郷土歌の歌い手である青野タツ子さんが歌う坊津のラッパ節は、おもに女性の立場で歌うものであるという。青野タツ子さんの知り合いの大茂逸子さんは、山﨑がラッパ節に興味を持っているのを知り、坊津にもあるから聞いてくると言って書きとめてきてくれた。後日、山﨑は、青野さんと知り合いであることを知った。（二〇一六年三月　大茂さんが書きとめたものを、山﨑が転記す）

（山﨑記）

## 4　駄売い（だうり）[11]のおばさんが果たした役割

### ◆枕崎の人は魚好き

枕崎でも魚の揚げ場やカツオ節工場に近い地域の人々の魚好きは無類かもしれない。その消費はかなりなものとみる。夕餉に魚の刺身が欠かせないという話をよく聞く。晩酌のつまみは刺身だけと言う人もいる。魚は刺身以外でも煮る・焼く・蒸す・揚げるなど食卓にとって必要不可欠な食材だ。

昭和四〇年代に入っても流通がそれほど発達しておらず、戦後の食料難時代も尾を引いており、我が家の周辺地域の桜山に魚屋は少なかったうえ、魚屋で買う切り身は高価であったと記憶している。

### ◆魚が安く手に入ったのはなぜ

しかし、安くても栄養豊富な魚は毎日手に入った。「だうい」（駄売り）と呼ばれた女性たちの「振り売り」の存在があったからだ。「駄売り」とは馬の背に乗せた売り荷を、買い手があるとその場で馬の背から下ろして売るという売り方がもともとの意味のようである。直接そういう場面を見たことはないが、江戸時代頃の売り方だったようで、馬を操るためか男性が多かったらしい。

### ◆記憶の中に残っている「駄売り」のおばさん

私の知る「駄売り」はザルやブリ（図1）を天秤棒で担って売り歩く女性の姿であった。それでは一度に運べる量が少ないので売り上げが少なかったのであろうか、午前と午後の二回もきていた。夏も冬も生魚に氷は欠かせず水分が多く重い生ものを担って四、五キロかそれ以上の道のりを歩く。一時間近くはかかる道のりである。傷みやすい品物だから時間との勝負でもある。それを一軒一軒売り歩くのだ。大変な重労働であったろう。

　売りに来る時間はあまり早くない。今思うとカツオ節工場が生切り《なま》（カツオ節製造工程の最初のカツオ切り）の仕事を始めてからしばらく時間が経たないと売り物になる「部品」がまとまらないわけで、多分おばさんたちはそれを待ってから、一斉に「駄売り」に出かけたのであろう。私の脳裏には、お日様がかなり上になってから歩いてくる姿しか思い浮かばないのは、そのためだろう。やきもきしながら仕入れを待つ駄売りたちの姿が想像される。

図1　ブリ　持つ所があるのは枕崎特有
（山﨑喜久枝画）

## ◆体格の良い枕崎の子ども

　枕崎の人々は元気である。子どもたちも体格がよかった。スポーツ大会に出場しても体が大きく筋肉質で運動能力にも秀でており、県大会でも多くの優勝旗を持ち帰ってきたものだ。カツオ節工場のおかげで動物性たんぱく質が豊富だったからだと確信している。それも魚屋で買うような上等の刺身などではなく、カツオ節工場から排出されるカツオ節を取った後の骨や腹皮などの部分だが安くて、豊富に手に入ったからである。カツオ節になる身よりも、栄養価は格段に高かったのである。

　それが魚屋の少ない桜山や別府などの地域の隅々にまでふんだんに行きわたったのは駄売りの女性たちの功績だと思っている。

# 伊藤さん（仮名）のこと

## ◆我が家の馴染みの「駄売り」――「魚はいいやはんか」

我が家の近辺には、伊藤さんと言う駄売りの女性が来て馴染みになっていた。夏の炎天下の中、頭に白い日本手ぬぐいを被って、天秤棒の荷をユッサユッサと揺らしながら、手を前後に振り、体で調子をとりながら歩いてくる。担い棒はその重さでたわみ、肩の肉にグイッと食い込んでいる。グシグシと音まで聞こえて来そうな重い感じの歩く姿と汗のにおいは、幼かった私の目にも鼻にも鮮明に焼き付いている。

図2　天秤棒を担いでの駄売り（山﨑喜久枝画）

売りに来る魚はアジやサバ、イカなどの雑魚類のこともあったが、大かたはカツオ節工場から排出されるビンタ・ハラガワ・チンコ・サネ・アワコ・シロコなどであった。おばさんは木陰などに荷を置き、周辺の四、五軒に声をかけて回る。「魚はいいやはんかー」「今日はビンタごわんど」とか「今日はアジごわんど」とその日の売り物の種類の名前が付け加えられる。財布とボールをもっておばさんのところに行くと、近所の人も集まってくる。「腹皮を二十円分」というとおばさんは両手で掬ってボールの中にどさっと入れてくれる。「今日の腹ン皮は細かんどんな」（今日の腹皮は小さいですが）とか「今日の鯵は細かでから揚げに良かんど」と、調理法までも教えてくれながらお金を受け取る。その手は魚の鱗と血で染まりピカピカ、曲がったままの指だった。冬の寒い時もずっと氷の中に手を刺し込んで魚を掬うからこんなに曲がって固まってしまったのだと教えてくれたことがある。魚は、このように小ぶりで商店では売り物になりにくいようなものが多かった。

◆担い棒からリヤカーへ

時代が下ると担い棒はリヤカーに変わった。一度に運べる量も多くなり、重量が身体にかかる負担も少なくなり余裕ができたのであろう、少しはおしゃべりをしてから帰ることもあった。売る量も一つかみなどの大まかではなくなり、棒秤で計量するようになった。しかし、必ず定量の後、二つ三つ添えて秤がピンと跳ね上がり振りきれてから、にこっと笑ってボールに移してくれるのだった。こちらも得した気になり、にこっと返し、心が通い合う気がした。

肩にかかる負担は減ったもののその大変さは変わらなかった。そんな姿を見てみんながお茶を飲んで行くよう勧めるが、「なまものを扱っているから帰りに寄らせて下さい」と言って先を急いだ。全部売り上げて軽くなったリヤカーを囲んでみんなとゆっくりと話しこんでいくことも多くなった。

世間話でお互いの気心が知れるようになると身の上話も出るようになっていた。

伊藤さんの夫は公務員だが病気療養中で収入が少ない。下の子どもは勉強がよくできるので、せめて高等学校、短大くらいは出したいので働かなくてはならないが、手に職がない、学校も出ていないから出来る仕事がなく、魚売りをしていると言っていた。

その時、私は幼いながらも「しっかり勉強をしなくてはできる仕事も無いのだ…」と思ったものだった。

◆相談や情報交換の場に

伊藤さんが自分をさらけ出して身の上話をしたことで、みんなが信頼し同情もしたようであった。みんなも「息子の嫁さがしに苦労している」と言えば、「あそこに良い娘がいるから」と縁結びの役目もしたことがあった。また「孫が学校にあがるけど机が買えない」というのを聞いて「あそこの人が家の整理をしていて家具を処分しているから話してみようか」とか、「嫁からこう言われた」とかお互い相談したり、愚痴ったりしていた。良き癒しの時間であり、情報交換の場でもあったようだ。一息おしゃべりが済むと、空になったリヤカーにみんなから貰った野菜や果物やコメなどを満載して帰ることもあった。

駄売りの女性たちの多くがそれぞれ得意先を持ち、冷蔵庫のない時代、毎日売りに来てくれるのだから大いに助かり親しみもわく。親戚でも毎日会うことはまれだが、伊藤さんが一日でも来ない日があると、伊藤さんは病気ではないかとみんなが気にした。親しく付き合い盆暮れには贈答品のやり取りをしたり、親戚同様の付き合いをしたりして祝いごとには呼んでいる人もいたようであった。

## ◆消滅した商売「駄売り」

別府方面にも駄売りの女性はいたと聞いたが、今となっては分からない。駄売りの経験者も多くが既に亡くなり、また高齢化してお話を聞くことも叶わなくなっている。何人くらいいたのかさえも分からない。カツオ節加工組合にも聞いてみたが、そのような記録があったのかさえ、今となってはよく分からないということであった。また、駄売りの経験者を探す労をとって下さったのだが、それは大変困難でたどり着けなかったようである。

私が知っている駄売りは唯一人だが、もっと違った人もいたかもしれない。

## 「駄売り」の果たした功績

駄売りの女性たちが果たした役割は計り知れないくらい大きかったと思われる。

そのなかで最も重要な役割は、あの食糧難の時代、農村部にも良質の動物性たんぱくを豊富に、しかも安く届けてくれたことだと私は思っている。自分の生活のためとはいえ、ずしりと重い生魚を運ぶという重労働、時間との闘い、夏の暑さ、冬の寒さ、雨の日も風の日も、夏も冬も冷たい氷と重いなまものとの格闘などなど、傍で見ているだけでは分からない難儀がまだまだ隠れているはずである。

「仕事とはそういうものよ」という声もある。彼女たちは決して誰かのためにと思ってしていたわけではないだろうが、はからずも人々の役に立っていたということか。まさしく仕事とはそういうもので、自分の生活のためにと難儀していたことが、実は思いがけず社会の役に立っていたというものであろう。

農村部には芋や野菜はあるものの肉や魚が不足していた。年に一、二回鶏をつぶして一家で食べるのが最高のご馳走であり、たんぱく源だった時代である。この駄売りのおばさんたちがいたからこそ、私たちは元気に生き延びて来られたといってもいい過ぎではないし、「枕崎の今」があるともいえるのではないか。

いってみれば、この女性たちは枕崎じゅうに安価で良質なたんぱく源だけでなく、元気や生きの良い明るさ、情報、そして人情も信頼も届けてくれたのだと思う。枕崎の基礎の基礎を支えていたにもかかわらず、その存在さえも忘れ去られようとしている。他にもそのような存在があるかもしれない。

カツオ節工場のほうも、カツオ節にする身の部分を利用した残りの廃物を「処分」してくれる駄売りたちの存在は有り難かったのではないだろうか。今は飼料にするなど、有効に使われているそうだ。

幼い頃に美味しく食べた「ハラガワ」や「マコ」や「チンコ」は、今では高価な食品に化けて店に陳列され、高値で売られており、隔世の感がある。

いつの頃からだったろうか、枕崎の底辺を支えた女性たちのことを思い、ますます記録に残す必要性を感じるようになったのは…。慌てて調べても遅々として進まず歯がゆい思いのみが胸を裂く。また、たどり着けないまま亡くなっていたり、準備の段階で亡くなられたりと遅きに失した感は否めず、残念極まりない。

（山﨑記）

# 第3章 枕崎市の銅像のジェンダー分析——鹿児島市との比較を通して

佐々木 陽子（1〜2、4〜5）／山﨑 喜久枝（3）

## 1 鹿児島中央駅の銅像「若き薩摩の群像」

鹿児島市内の銅像は、鹿児島県の玄関口としては当然といえるかもしれないが、観光客の視線を意識して、西郷隆盛や大久保利通など明治維新の偉人とされている人物が中心となっている。そのため、圧倒的に男性像の数が多いのは予想できるが、数は少ないがそれら偉人たち以外の像をも含めてみてみると、男性像・女性像の表現についてジェンダーの視点からの違いが見えてくる。地方都市枕崎は、観光に隠されがちな表現の差違をより鮮明に見せてくれるように思われる。そこで、本章では鹿児島市内の銅像をとり上げたのち、枕崎市の銅像のジェンダー分析を試みる。

近代国家を切り拓いた薩摩の男たち、西郷隆盛・大久保利通・小松帯刀《たてわき》・調所広郷《ずしょひろさと》など、いわゆる「英雄」「偉人」とされる男たちの銅像が鹿児島市で名所となっている。

九州新幹線終着駅である鹿児島中央駅前には「若き薩摩の群像」と題した高さ一二㍍《メートル》もある一群の銅像がそびえたっている。幕末期の一八六五（慶応元）年に隠密に英国に留学した薩摩藩の優秀な青少年一五人と使節団四名、計一九人の銅像で、各人すべて固有名詞がある。写真1は全体像、写真2はその一部を拡大したものである。「若き薩摩の群像」の男たちのポーズを見てみると、雄々しく活動的なポーズ、あるいは思索にふけっている様子が表現されている。遠くをまなざす視線、未来を指さすしぐさ、書物をもつ動作、ペンのようなもので何かを書くしぐさ、周囲に議論をしかけているらしき動作、これから行動を起こしそうなポーズ、そこには未来・好奇心・知性・希望・理性・行動力など肯定的な価値が刷り込まれているように思われる。

## 2 「坂本龍馬とお龍《りょう》」の銅像——交わし合わない視線

龍馬とお龍の銅像の構図においては、両者の視線の向きが重要であろう。写真3の像では、お龍がひざま

写真１「若き薩摩の群像」の全体像　銅像分析では、素材によりブロンズ像、石像、セメント像など言い回しの煩雑さを避けるため、「銅像」で統一している。

写真２「若き薩摩の群像」一部拡大
本章の銅像はすべて筆者（佐々木）が撮影している。

ずいて龍馬を見上げている。一八六六（慶応二）年、坂本龍馬とお龍は小松帯刀邸や霧島を訪れるが、これが新婚旅行の始まりとされており、このことはよく知られていて、それをモチーフにして二人の銅像がつくられている。であるなら、二人が見つめ合う視線の構図があっても、不思議ではなかろう。ところが写真4の銅像でも同じように、二人の視線は交わし合わない。

写真3では、お龍が座っているため、見上げるようにして視線を龍馬に向けている。写真4は鹿児島市の中心街の交差点の近くの一角にある「坂本龍馬とお龍」の立像である。台座に乗っているわけでなく等身大の銅像である。写真3とは異なり、お龍は座らずに立っている。

写真3と写真4は、お龍が座しているか立っているかの違いがあるものの、お龍はひたすら龍馬という男に視線を集中させている。だが、龍馬は決してその視線を受けとめずに、遠くに眼差しを向けている。視線は合わせない。女は男へ視線を向け、男は女に視線を向けることなく遠方へと向ける。

写真３　「坂本龍馬とお龍」（天保山）

写真４　「坂本龍馬とお龍」（市街地のいづろ交差点付近）

## 3　鹿児島市内の銅像とジェンダー

### (1) 銅像現地調査に出かける

鹿児島市内には銅像がたくさんある。しかし、女性の像がほとんど見当たらないことが気になっていた。鹿児島にも社会に貢献し、顕彰に値する女性がいないわけではないはずだ。実際はどうなのか確かめてみる必要があると思い、二〇一〇年一二月一日の午後、黎明館《れいめいかん》（鹿児島県歴史資料センター）に展示されている女性たちを調べてから、徒歩で銅像めぐりをしてみることにした。

黎明館では社会に貢献した人物として男女二〇人ほどが紹介され、展示されていた。そのうち女性は四人、「将軍の御台所《みだいどころ》、篤姫《あつひめ》」「役に立つ教育、私学経営者の満田《みつだ》ユイ」「化学の先覚者、丹下梅子《たんげうめこ》」「天皇、皇后の歌の相手役、税所敦子《さいしょあつこ》」であった。

写真５　篤姫の像

このうち銅像になっているのは丹下梅子（ウメ）と篤姫の二人である（篤姫の像はＮＨＫ大河ドラマ放映後の二〇一〇年に、黎明館の前庭、北門脇に設置された〈写真５〉）。ふだん何気なく眺めてはいたが、どこにあるのか記憶が定かではないため、観光案内のパンフレットをたよりに出かけてみた。

## (2) 女性銅像をみる

①「坂本龍馬とお龍」（前節参照）②「丹下ウメ博士」

「丹下ウメ博士」（写真6）の像は、鹿児島の有名デパート山形屋の横、電停から入った裏通り、アーケードになっていて灯りはなく昼間も薄暗い通りの途中にある。黒褐色のブロンズの胸像で、歩行者の目の高さとほぼ同じである。デパートのヒサシ部分にあたる位置にあるため、道行く人は気づきにくい。伝記によるとウメの「生誕は金生町」とあるので、この近辺に生まれ育ち、ここが遊び場だったからであろうが、それにしても、篤姫の像とはけた違いに存在感の薄い像である。編著者の佐々木も訪ねるのに迷ったようである。佐々木は、銅像のそばのデパートの入り口に立っていながら気づかず、道行く三人に尋ねたが誰も知らなかったと話していた。四人目に尋ねた商店の人が「すぐそこに見えていますよ」と指さして教えてくれたそうである。像の説明書きによると、「『化学の先覚者』で、女性初の中等化学教員試験に合格。東北帝国大学理化大学化学科に女性で初入学。スタンフォード大学で栄養化学を修め、日本女子大学の栄養学教授となる。昭和一五年『ビタミンB2複合体』の研究で東京帝国大学から農学博士の学位をうける。昭和三〇年、八二歳まで独身の血潮を学究一筋に注ぎ東京の親戚宅で死去。（川越正則撰）」とある。この像の説明書きには記されていないが、黎明館の資料によるとアメリカで理学博士号も取得している。

写真6　丹下ウメ博士

上述の文中の「八二歳まで独身の血潮を学究一

写真７　子どもの群像（母の像は橋の反対側）

筋に注ぎ…」とは、どういう意味であろうか。どう解釈すればいいのか。何がいいたいのか。もし、結婚していたならばどのように表現するのだろうかと考えさせられた。

③「母と子どもの群像」

鹿児島中央駅近くの、甲突川に架かる高見橋の川上側の欄干に子どもたち一一人の群像（写真7）が、それと対になって川下側の欄干に母親の像がある（写真9）。和服姿の母親像は橋の欄干に腰かけ左手は膝に、右手は椅子につき身体を支えて子どもたちを見つめている。特定の人物を描いたのではないらしいが、なぜ母と子どもたちだけなのだろう。父親はいない。説明によると「強さと厳しさを秘めながら優しく子どもたちを見守る母の姿」とだけ記されている。「強さと厳しさを秘めながら優しく子どもたちを見守る」のは母親に限らず、父親も大人の人間なら誰にでもいえることではないのか。あえて母子像とすることで、子育ては母の役割・女は子育てに向いているという母性イデオロギーを再生産しているように思われなくもない。

子どもの像の下に小さい銅板があり「K. KUSUMOTO, M. TANAKA, A. MIYAZAKI, M. OKUDA　1984」とあり、製作者が四人いると思われる。製作の意図を知りたいが、四人の性別さえも不明である。

子どもたちは同じ背格好で男女の区別はつけにくい。いずれも元気よく取っ組みあっており活動的である。

あえて判ずれば、腰に布を巻きつけているだけの半裸で、髪の結びがやや小さいのが男の子で八人、着物を着て、髪の結びがやや大きくなっているのが女の子三人とみえる。子どもと銘打ちながら、男女の数のアンバランスが気にかかる。

### (3) その他、知名度の高い像

以下では、上記で扱わなかった銅像を扱う。固有名詞、銅像の置かれた場所、身体のどの部分を銅像にしているのか、立像か座像かなど、区別のつく範囲でまとめている。

①大久保利通像（台座、コートをなびかせた洋服姿で腕を伸ばしてダイナミックなポーズとっている全身像、立像〈写真８〉）
②西郷隆盛像（築山の上の台座、軍服姿で堂々たる全身像、立像）
③川路利良《かわじとしよし》（台座、全身、立像）
④島津斉彬《しまづなりあきら》（台座、全身、立像）
⑤島津久光（台座、全身、立像）
⑥島津忠義（台座、全身、立像）
⑦東郷平八郎（台座、全身、立像）
⑧五代友厚（台座、全身、立像）
⑨平田靭負《ひらたゆきえ》（台座、全身、立像）
⑩調所広郷（台座、全身、立像）
⑪小松帯刀（台座、全身、立像）

写真８　大久保利通像

⑫岩永《いわなが》三《さん》五郎《ごろう》（台座、全身、立像）
⑬鶴田義行（台座、全身裸の立像）
⑭ザビエル（台座、胸像）
⑮ヤジロウ、ベルナルド、ザビエル（台座、全身、立像）

次の⑯から㉓は歩道脇などに台座なしの全身像で建立されている。

⑯西郷隆盛と菅実秀《すげさねひで》
⑰樺山、黒田大いに語る（樺山資紀《かばやますけのり》、黒田清隆）
⑱イギリス艦を鹿児島湾に見る（大山巌《おおやまいわお》、西郷従道《さいごうつぐみち》、山本権兵衛《やまもとごんべえ》）
⑲島津重豪《しまづしげひで》
⑳吉井友実《よしいともざね》、伊地知正治《いじちまさはる》
㉑ウィリアム・ウィリス、高木兼寛《たかぎかねひろ》
㉒松方正義
㉓黒田清輝

以上すべて男性像で、女性像はない。

鹿児島市内の銅像は男女の銅像の数の差だけでなく、男性像はほとんどが全身像の立像で台座の上にあり威厳に満ちた姿である。しかも、人目につきやすく日当たりのよい明るい場所に多く設置されている。男性像で座ったり腰かけたりしている像は二体しかない。また、胸像はザビエル像一体だけである。

固有名詞をもった女性の像は、篤姫を除けば丹下ウメのみ。しかも胸像で角帽をかぶった黒っぽい姿は胸の膨らみを持っているかどうかもわからず、見るからに、にわかには女性とは思えない。この女性像は通行人と同じ目線の高さにあり、暗く地味で、アーケードの一隅にひっそりと位置する。地道な努力を続け、社会に大きな貢献をした尊敬に値する化学者で、真に「仰ぎたい」人物であるにもかかわらずわびしくたたずんでいる。ただし、篤姫を除く女性像は一体しかないので比較のしようもないのだが…。

男性像の名称はすべて固有名詞であり、顕彰対象としての位置づけが想定されよう。それに対し、「母と子どもたちの像」などに顕著なように、女性に関わる銅像は、固有名詞がなく母の役割などを銅像で表現している。母は腰かけ、身を低くしている。

写真９　母の像

女の立像で遠くに眼差しを向けるといったポーズの像は見当たらない。写真９の母の像は、写真７の子どもの像とペアになっており、橋のこちらとあちらに分かれている。母が、向こう側の遊んでいる子どもたちを見つめているような対構造となっている。「賢くあれ、たくましくあれ、りりしくあれ」との男性像が放つメッセージは、人間としての弱さや寛容さといった気質を受け入れない。それゆえの息苦しさを感じる人もいるであろう。私の友人は「男性の銅像があまりに多く、女性として圧迫感があり気が重くなる」という感想を漏らしていた。私はあまりに長い年月見続けてきたため、慣れて当然視してしまっていたが、このままではいけないという気持ちがふつふつとわいている。このような銅像を日常的に何の意識もなく見続けることは、人々にどんな意識を刷り込むことになるのか、計り知れない。私があまり抵抗なく見続けていたのと同じく、特に将来の社会を形成する子どもたちにとって、例えば、女子の自己認識において、女は自己を過小評価して当たり前という意識付けが刷り込まれていくことになるのではないかと危惧する。

今後造られる像に対し意見を述べていきたいと思う。かつて戦争を推進した軍人その他の戦犯たちの像が声をあげることで撤去されたことを思えば、いろいろなことが出来るのではと思えてくる。例えば、女性を有名人の妻とか娘とかではなく、一個人として描くこと。女性の製作者を増やすこと。せめて半数は女性が関わることなどである。

鹿児島には銅像が多く、設置場所も人目につきやすいところが選定されるため、ある一定の場所に集中しやすい。母と子どもの群像は、明るい場所なのだが、向かい側に大久保利通の像（写真8）があり、高いところから腰かけている母親像（写真9）を「見下ろしている」感じがして気になる作りである。実際は大久保像が一九七九（昭和五四）年製で母と子どもの群像より五年も先に作られているので見下ろしているのではないのだが、全体的に周囲の景観を配慮した設置になっていないことが問題である。製造年など詳しく調べず、風景として眺めるだけの子どもや一般の旅行者、観光客などの目にどのように映るか配慮する必要があった。

銅像がこれからもおそらく作られていくことであろう。製作するのは誰（だれ）なのか。像の設置場所は何処（どこ）なのか。どのような観点で人物を選定するのか、など製作や設置に関わる部署を明確にした情報を公開する必要を、今回の現地調査を通じて強く感じた。

なお、二〇一六年には、陸軍大将乃木希典の妻で、夫と共に明治天皇の死に殉じたとされる静子の坐像が、民間団体により静子の生誕地近くに再建され、年末に除幕式が行われた。この銅像にいったいどのような思いを託せばよいというのであろうか。

## 4 枕崎市内の銅像の全数調査

写真 10 「漁師の群像」
カツオ漁（一本釣り）の男の三種の動作から成る。右の男は櫓を漕いでいる。真ん中の男は、一本釣りでカツオを釣り上げたところである。左の男は釣竿を海にたらしているらしき動作をしている。ほぼ等身大の立像で逞しい身体をしている。船の中に3人が乗っており、海上にいる雰囲気を出すため、船に傾きを付けていると思われる。「天災と闘い、波濤を越えて輝かしい歴史をつくりあげた先人たちの進取の気性が永遠に継承されることを願って」と説明書きがある。1994（平成6）年作。

写真 11 原耕銅像
枕崎といえば原耕というぐらいの有名人で、最も貢献度の高い人物と称えられ、市史などでもかなりの頁を割いて紹介されている人物である。南方での遠洋漁業開拓の先駆者、医師、衆議院議員。台座7メートルの上にそびえるようにして立つ4メートルの立像で、合計すると11メートルで見上げねばならない位置にある。1988年（昭和63）年建立。枕崎の遠洋漁業の指導者としての位置づけが、あたかも銅像の高さに象徴されるかのようである。

写真 12　**カツオ節売り行商の母子像**
左には幼い男の子、その手をひいて頭にカツオ節の入ったザルを乗せて行商する母の像である。母子共々声掛けして行商しており、口をあけている。右の若い女性は天秤にカツオ節をのせ重さを量っており、行商の一コマと思われる。行商をとおしてカツオ節は県内のいたるところに広がっていったとされる。等身大のセメント像で女性は太め。田代清英元市長作である。最初は母子像の２体だけであったが、カツオ節行商であることを明確にするため、量り売りの女性像が後に加えられたという。

写真 13　**平和祈念公園内の「女神像」**
「殉難鎮魂の碑」の一角にあり、正式には像名もなし。台座に立つ等身大よりややこぶりの全身像。戦艦大和など一群の軍艦の沈没慰霊の平和祈念公園内にある。通称女神像ということになっているが、どう見ても女神というより思春期の少女の裸体である。顔も幼さがどこか残っている感じで、「女神」というには違和感がある。戦時ポスターで戦争を聖化するために、女神像のモチーフが使用されたが、こうした戦争と関わる女神像は、基本的にたくましく描かれる。この「女神像」は、その身体性からして少女で、戦争と結びつくところは、女神の装置でもある灯明をかかげていることぐらいであろうか。戦艦大和沈没の鎮魂であるとされるが、鎮魂すべき海に面して立っておらず、背を向けている。「平和の願いと鎮魂」と書かれている。

写真 14　**枕崎駅の「カツオ節行商の像」**
新港公園内にある像（写真 12）と全く同じ作りではあるが、こちらは、彫刻家田原迫華の作品。新港公園の母子像は等身大より少し大きめで太め。こちらは等身大より小さめでやせ気味である。この女性像のモチーフは枕崎でもっとも知れわたっていて、「黒島流れ」で多くの生命が失われ、悲嘆にくれながら残された女たちの健気さが想起されるデザインである。カツオ節と女を直結させる代表的モチーフである。新港公園のものは草履を母子共に履いているが、こちらは裸足である。正式には「カツオ節行商の像」と銘打たれている。彫刻家の田原迫華の作品は山幸彦像と共に、枕崎駅に２体ある。

写真 15　**交通の要所の人魚像**
もともとは枕崎駅にあったとのことだが、交通の要所（旧枕崎漁港三叉路）ともいうべき交通量の多い信号待ち地点に移動させたとのこと。信号待ちの場所ゆえに、嫌でも目に付く大きめの像である。台座の上に等身大の２倍ぐらいの大きさで、高さ約２㍍の人魚が横たわっている。下半身は魚ながら上半身はかなり骨格のしっかりした女性の裸体で乳房もはっきり作られている。セメントで像をつくり白ペンキで塗ったと思われるが、かなりの年月がたち、ペンキが部分的に剥げ落ちている。人魚といえばアンデルセンだが、枕崎市と人魚の関連は不明。「平和の祈り」というプレートが以前はあったが、今はないとのこと。

写真16　山彦神の像（枕崎駅構内）
駅のホーム内の待合室に入ると、見上げる高い位置に山彦神の像が飾られ、祈ると願いがかなうと書かれている。彫刻家の田原迫華の作品。山幸彦の別名は「火の神」で、枕崎の「火の神公園」の地名にもなっている。枕崎のこの場所は、神代の昔、海幸彦の釣り針をなくした山幸彦が、無目篭（めなしかご）に乗って海神宮（竜宮）を目指し、最初にたどり着いた場所という伝説が残る（南日本新聞 2012.1.10）。

写真17　「原耕先生之像」
松之尾公園の奥まった一角に「原公園」があり、台座四段構成で全体が2メートル50センチほどで、南方を見つめている胸像。1961（昭和36）年の作で、新港公園の像に比べるとはるかに写実的である。枕崎市内で、同じ像が2体あるのは、カツオ節売りの母子像と原耕像の2点である。

写真18　講道館９段「楠力先生之像」
柔道家であり、枕崎市立の武道館前庭に胸像と顕彰碑があり、「警察逮捕術の基礎を作る」とその功績が称えられている。台座を含め2メートルほど。

写真 20 「森先生之像」
医師、市民の健康保持増進に貢献、市議会議員。俵積田公民館の中庭の一角にある。4 段の台座の上にのっているブロンズ像。1964（昭和 39）年建立。

写真 19 「園田兵助之像」
獣医師で養豚業に貢献した人物。ブロンズの胸像で台座を含めて高さ 2メートル。現在の園田病院内の庭園のなかにある。碑文は読み取り不能。

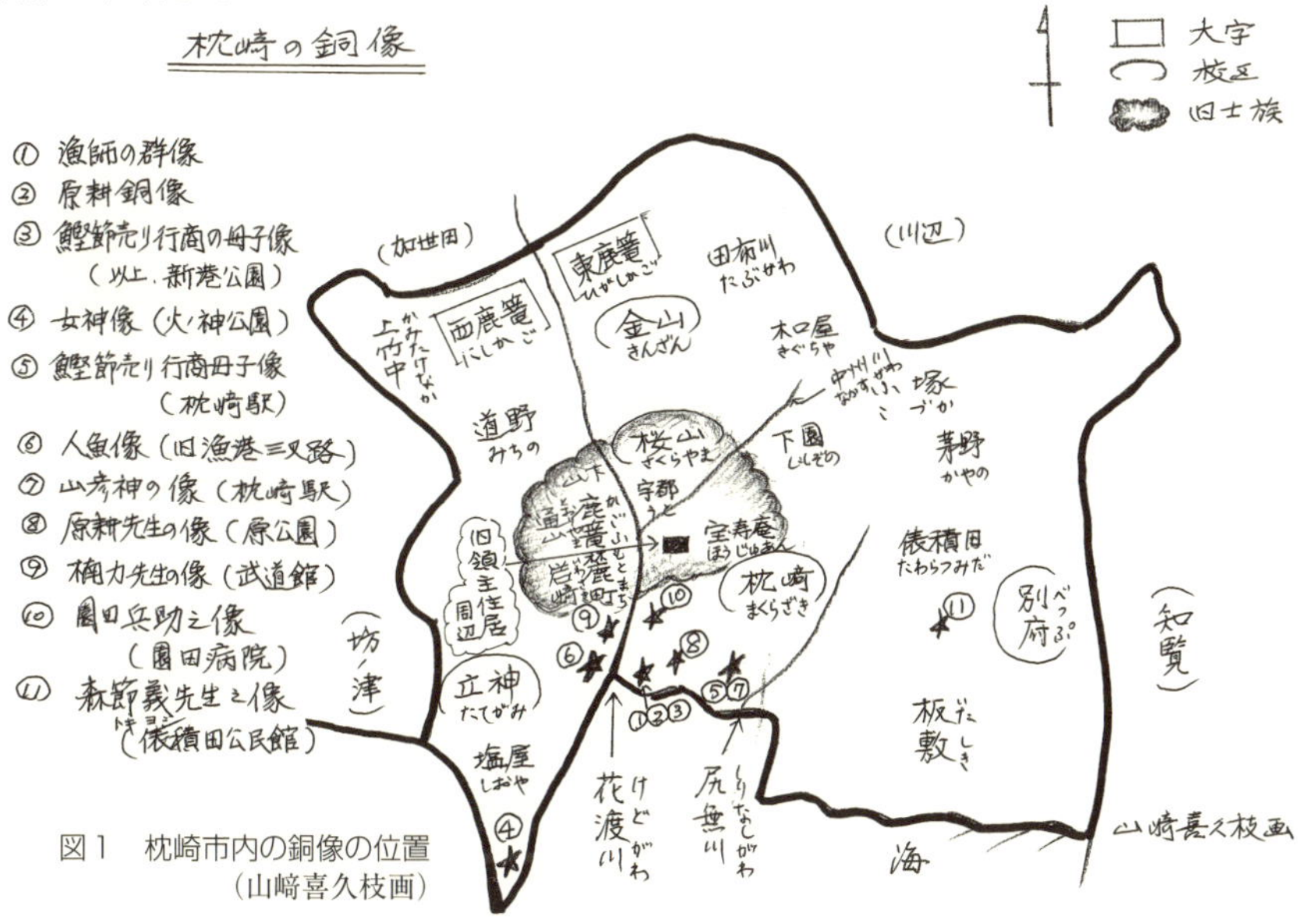


図 1 枕崎市内の銅像の位置
（山﨑喜久枝画）

## 5　問題提起

### (1) なぜ女性像には固有名詞がないのか

枕崎市内の女性の銅像には、人魚や女神や行商人などで固有名詞がない。それは、固有名詞をつけるに値する「社会貢献」をした女性がいないという意味なのか。だとしたら、「社会貢献」の意味を問いかけたい。カツオ漁を例に考えると、男の漁師による一本釣りをイメージし、遠洋漁業でさぞ大変であろうとは想像するであろうが、船が出港するまでの準備、そして水揚げされたカツオの処理にまで思いが及ぶことはあまりないように思われる。長い航海のための準備、たとえば衣料の準備、脚気予防に必要なかんきつ類をはじめとする果物が長い航海では不足しがちになるため、実の青いもの（ミカンやりんごなど）のみを探し買い求める。こうした準備は女に丸投げされているという。また、カツオの水揚げ後の処理を担うカツオ節工場を支えている多くの女性非正規労働者の存在はあまり表に出ない。華々しく漁船を出港させ、成果を上げて帰ってくる船を入港させた後の作業にしても、女が担っている部分に光があてられない。

女は時には人魚になり、時には女神となり、そして行商人となることで、海の街枕崎、戦争被害の甚大だった枕崎、史上最大の被害を出した海難事故の犠牲の地としての枕崎を表現している。それは個別な女に語らせているのではなく、抽象化された女性性の利用価値に着目しているともいえなくはなかろう。自立した個性ある女ではなく、女性性に付与される美・純潔・健気などといった価値づけが銅像に託されているように思われる。

### (2) 枕崎の代表男性は原耕、枕崎の代表女性はカツオ節行商女性なのか

枕崎市誌編さん委員会（一九九〇a）によると、帆船時代のカツオ漁の餌はキビナゴという小魚で、餌のキビナゴを死なせないための海水の入れ替えが、大変な重労働であるうえ、帆船には屋根がないため、「時化《しけ》の日、雨の日の航海が大変だった。めいめいが、合羽（カッパ）を頭から被り、波のしぶき、雨水を防いだ。（略）しゃがんだままで、一眠りもできなかったのである。なお、食事のできない日は、ざらだった。帰港のとき、遠見番の灯《あかり》が見えると涙ぐむ者もいた」とある。一八八〇年代後半（明治二〇年代）の段階で、帆船であるにもかかわらず沖縄の慶良間諸島あたりまで漁に出たと記されている（枕崎市誌編さん委員会 一九九〇a：五六八－五六九、五九八、六〇五、六〇九）。一九〇〇年代後半（明治四〇年代）に入ると、帆船から動力船への移行が始まり、この動力化によって、速度が上がり、航海は安全になり、漁場は拡大し、出漁回数も漁獲高も増加した（枕崎市誌編さん委員会 一九九〇a：六二三）。若林良和も、一九三五（昭和一〇）年以降、当時日本最大級の漁船「薩州丸」が枕崎で進水し、「漁船の大型化と南方漁場の開発によって枕崎のカツオ漁業は発展した」。その後、戦争で中断するものの、敗戦直後よりカツオ漁業は復興することを記している（若林一九九八：四二）。

福田忠弘も、南洋漁場開発に関わる困難の一つに活き餌確保をあげ、この課題に原耕がどれほど尽力したかを記している。イワシなどの活き餌が十分に供給できなければ、大規模なカツオ漁を行えない。日本では餌魚漁とカツオ漁の分業体制が確立されていたとはいうものの、当時の南洋漁業ではこの分業体制はうまく構築されておらず、南洋でカツオ漁を行おうとする事業者は、自ら活き餌を確保しなければならなかったとのことであり、その苦労が想像される。こうしたなか、日本の南洋進出への道を切り拓くいけすの開発が進んでいった（福田 二〇一五）。原耕なくして、枕崎のカツオ漁の発展はなく、彼が政治家であったことも、南洋漁場の開拓の力となりえたなど、原耕の功績は枕崎において、どんなに評価してもしきれないといえよう。(13)

多くの漁師が犠牲となった「黒島流れ」にふれない枕崎市誌や南薩の歴史書はなく、台風による最大の海難事故として、一八九五（明治二八）年の「黒島流れ」は位置づけられている。犠牲者が稼ぎ手の男性であったため、父や夫を失った女たちが数多く遺された。カツオ節売りの行商女性は、枕崎の女たちの代表的表象である。

原耕は劣悪なカツオ漁船の改善に貢献し、南洋漁業を開発した「夢の実現者」として位置づけられ、見上げると首が痛くなるほど高い位置に銅像が置かれている。それと同じ公園内にあるカツオ節行商女性の明日の糧を気遣う健気さとが対比されよう。「黒島流れ」は、今から一二〇年ほど前の海難事故でありながら、この悲惨な出来事をカツオ節売りの子連れ行商女性として記憶にとどめさせることの意味を考えたい。漁師の父や夫を失い子どもや家族を食べさせていかねばならない貧しい女たちは、声をあげて「カツオ節しゃいいやはんか～」（カツオ節はいりませんか～）と行商して歩かねばならない。遠い未来を見すえる男性像としての原耕と、カツオ節行商女性の明日しか考えられない視点の差異の意味を考えさせられる。

### (3) 平和祈念展望台の裸体女神像はなぜ少女像か

先のアジア太平洋戦争で、「全国屈指の戦災都市」である枕崎の市街地は焦土と化す。知覧や万世特攻基地に近いことも含め、枕崎市では戦争の記憶をとどめる役割を平和祈念公園が担っている。志布志湾、吹上浜と並んで米軍の上陸拠点とされていた枕崎は、戦災の激しい地とされている（枕崎市誌編さん委員会一九九〇a：二七七、二七九、二八三）。公園内に記念碑はいくつかあるが、銅像は写真21の裸体の「女神像」のみである。女神像は、アメリカのコロンビア、イギリスのブリタニア、フランスのマリアンヌなど国家を擬人化して女神としている事例はある。国家を女神を使って表現した戦時ポスターも見いだせる。だが、知る限り裸体で表す手法はみたことがない。しかも、この銅像は、女性というより思春期の少女を女神としているなど、不自然さを感じる。乳房は小さく、幼さの残る顔であり、トーチを掲げるにはあどけなさが残る。戦争に関わる女神は基本的に凛々しくリーダーシップを発揮するような女性像が多く、国家を背負っているからには、女でありながらたくましさを感じさせるものも多い。こうした定番の女神像から、この銅像はかけ離れている。

### (4) 動作でメッセージを伝えねばならない女たち

男性像は坐像なしで立像と胸像のみ、女性像は立像一、立像と坐像の組み合わせ二、横たわった像一であ

写真21 「女神像」
平和祈念展望台は、戦艦大和の沈没地点から北側約200キロに位置する小高い丘に、戦艦大和の沈没50周年にあたる平成7年4月に建立されました。太平洋戦争で散華された多くの英霊の殉難鎮魂之碑と、世界の恒久平和を願うシンボルの女神像が安置されています。眼下には、壮大な東シナ海が広がり、沈没地点が水平線上に望めます。（枕崎市ホームページ　観光文化2016年5月20日取得。http://www.city.makurazaki.kagoshima.jp/sight/sikanko_spot1.html#peace）

るからである。まず、男性像にはひざまずいたり座したりする像が見当たらないのは、基本的に固有名詞を有するからであろう。固有名詞を持つ男性にはストーリー性は要求されない。その代表例が胸像で、そばに「偉業」の説明書きがついている。男性像でストーリー性を要求されるのは、写真10の三人の無名の漁師像のみである。カツオ漁船に乗り込んだ固有名詞を持たない三人の漁師は、動作によって船上で起きているストーリーを演じている。

他方、固有名詞を持たない女性の銅像は、動作によって何かを表現せねばならず、動作が男性より多様化するのではないのか。固有名詞なしの女性は、動作を通じてストーリーを生みだし、メッセージを表現せねばならない。カツオ節売りの母子像がその典型であろう。

そして、固有名詞を持たず動作でメッセージを表現せねばならぬために、命名の困難とも結びつく。男性の銅像の多くは固有名詞を持っているために、命名には困らない。「〇〇〇の碑」とし、業績の説明が加わればよい。これに対し、たとえば人魚像を飾ったが、最初「平和の祈り」のプレートを付けたことに顕著なように、女性の銅像は命名することに困難が伴うようである。人魚が「平和の祈り」というのも、意味不明であり、命名での困惑が看取される。平和祈念公園の裸体の少女像も平和を願うシンボルとしての「女神像」と称されている。しかし、女神を裸体で表現するのは、戦争に関連して見いだしにくい。命名の必然性の面での困難を女性像は背負い込んでいる。

# 第4章　カツオ節工場見学

佐々木 陽子

## 1　カツオ節（雑魚節）の出来上がるまで

二〇一五年三月二七日、山崎と佐々木はカツオ節工場を見学した。

多くが立ち仕事の上、移動もあり、重労働であると思われた。以下の写真にあるように一部の工程が機械化されてはいるものの、大半は手作業である。見学したのは、二〇一五年三月で、どれほど大変な労働であるかが、見えにくい季節であった。真冬や真夏は労働の厳しさが増すであろう。真冬は床がコンクリートのため下から冷気が上がり、半冷凍の魚を手袋はしているものの、切りさばいたり骨を除いたりするのは、大変厳しい作業であろう。また、夏は夏で、火をくべる作業や火だし作業では汗だくになるであろう。

おおよそ、次のような手順で作業は進む。

冷凍カツオを解凍➡内臓をとり頭落とし➡包丁での切り分けの解体作業➡カゴにカツオの切り身を並べて煮る➡カツオに残っている骨など取り除く➡何回も火を使い乾かし水分をとばすための作業➡削り➡カビ付けと天日干しの繰り返し

写真１　工場風景

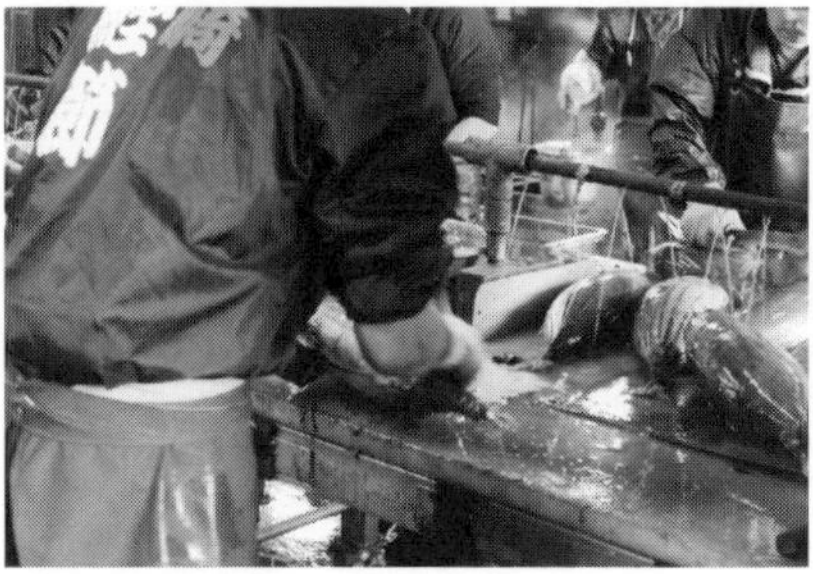

写真２　首や内臓とり

一見単純作業に見える形を整えるための削り作業は、熟練していないとできないものとのことだった。削り作業では、形の整え方次第で製品が一級品扱いになるか二級品扱いになるかが決まるという。長年働いている女性にもこの削りの作業に熟練している者がいて担当するらしい。この削り作業は、会社によっては個人経営者に委託するところもあるとの話をうかがった。

非正規の女性労働者が担う作業工程は多岐にわたる。カツオ節をつくる工程は複雑に分かれ、骨をとり除いたり、真夏でも、燻製にするための火加減の管理や、火加減に配慮して魚の位置をかえたりと、大変な労働の結果として一本のカツオ節が出来上がる（作業工程の一部は写真1～15を参照）。大漁旗がなびく背後に女の労働が隠れているとの思いを工場見学により強く抱いた。工場見学をさせていただき、自分自身のなかで見えていなかった工程が見えてきた。

見学した日はカツオ節ではなく、雑魚節《ざこぶし》（サバ・ムロアジ・イワシなどが原料）がつくられていた。出来上がった雑魚節の形を機械で整える作業は、上述したように熟練を要する。キーンと機械が動いて、慣れた手つきで形が整えられていた。また雑魚節というものを知らなかった筆者には興味深かったが、出しの味が微妙にカツオ節とは異なり、料理の種類によっては、むしろ雑魚節が好まれる場合もあるとのことだった。

写真３　揃えて火入りを待つ

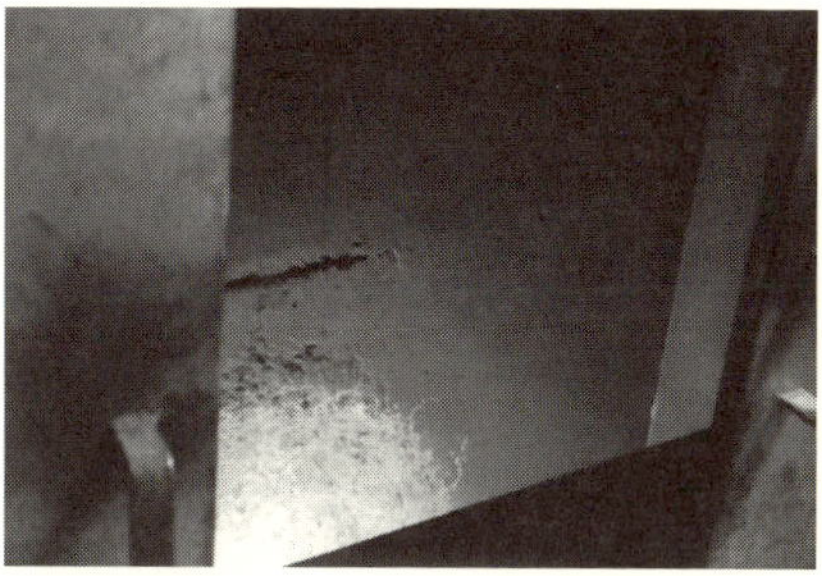

写真４　燻製にするための火

写真５　カツオを煮て火を通す・機械化

写真６　くべる木は臭いのない木のみ（例えば臭いの強い松などはダメ）

写真７　最も重要な燻製化の工程は機械化

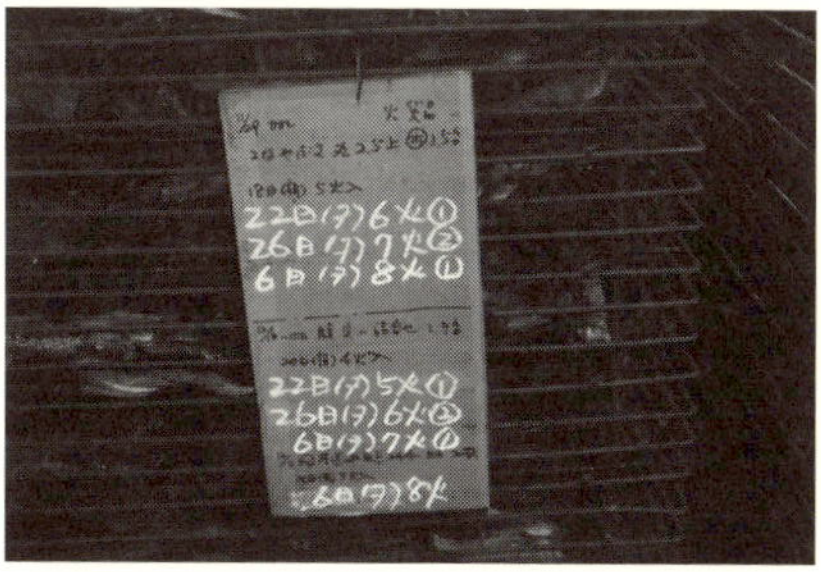

写真８　何度も火入れし乾燥させるため詳細に火入れを記録

写真 10　素人目にはわからないが玄人は乾燥不足を指摘

写真 9　上がってきたものを選別

写真 11・12　乾燥させるため火入れの繰り返し、どこにも火があたるように位置をかえたり、骨がついていたら取り除く作業が必要

写真 14　多様なカツオ節（雑魚節の場合は、サバ・ムロアジ・イワシなどが原料）

写真 13　まもなく箱入れ

写真 15　見学日は雑魚節の日でサバなどを原料にしていた

（注）本章の写真はすべて佐々木が撮影

## 2　見学を終えて

### ⑴ 季節によって異なる労働強度

夏の火の管理や日干し、冬の冷水から半解凍魚を取り出し切り分ける作業など、季節により労働強度は異なる。また切った魚を、あるいは火から出した魚を、移動させる機会が多く、工場内を締め切って行うことは困難で、この条件も労働をより厳しいものにしているといえよう。冬でも移動のために、いちいち扉は締めないため、寒風が入り込む。夏は熱風にさらされる。仕事柄移動がつきもので、冷暖房などの設置は困難なため、真夏と真冬の労働がとりわけ厳しいであろうと想像された。

### ⑵ 非正規の女性労働者が担う労働の価値

工場内での労働者のうち非正規の女性労働者と思われる人の占める割合が高いのは、一目瞭然である[14]。一見単純作業にみえる労働も文字通りの単純なものではない。手際よくこなされ、それなりに熟練も必要と思われる。ことに仕上がり次第で高く売れるか安くなるかの分かれ道ともいえる「削り」と呼ばれるカツオ節の形を機械で整えていく作業は、熟練を要する。メディアでは「日本の食文化」「和食文化」にとって不可欠な食材として、カツオ節を持ちあげ取りあげるのを見かけるが、そうした取りあげ方に見合った労働条件の扱いを受けているとはとても思えない。「日本の食文化」「和食文化」の伝統的食材としてのカツオ節の重要性を考えるならば、加工工場の経営者・労働者どちらにも、それに見合った支援政策・労働政策の必要性を痛感する。枕崎市における水産加工業のなかで、カツオ節・雑魚節などの加工業が大部分を占めており、カツオ漁業とともに枕崎市の基幹産業になっている。

枕崎市のホームページ(15)によると、「かつお節製造工場は、市内に五五業者（平成二五年一〇月一日現在）で規模は家内工場的なものから大手企業まで種々様々あります」といった説明が記されているだけで、企業の規模の比率などは知りえない。しかし、人口が減少し若年労働者を確保することが困難になってきている枕崎において、次節の外国人労働者問題と連結するが、カツオ節をつくっている家内工場や中小企業がどう生き延びていくか、深刻な問題であろう。

## 3 枕崎市カツオ節産業の陽と陰

### (1) 枕崎市カツオ節産業のフランスへの工場進出

南日本新聞は、「枕崎の技継承着々――仏かつお節工場一ヵ月・ルポ 今月末初出荷 欧州普及へ安定供給カギ」との見出しで、フランス北西部の港町コンカルノー市に枕崎のカツオ節業者でつくる「枕崎市フランス鰹節」が工場を建設し、カツオ節の生産に乗りだし、まもなく初出荷を迎えるとの記事を掲載している（『南日本新聞』二〇一六・一〇・二四）。その記事によると、EUの食品衛生基準に基づき、すべて手作業で行い、フランス人工場長は「日本の食文化を代表するかつお節を作り世界に広めていくことに喜びを感じている」と自信を見せているという。

一地方都市が先進国に乗りだし、特殊な技能を必要とする食材などの生産行動にでるのは極めて珍しい事ではあるが、その投資の土台には地元枕崎のカツオ節産業があるのであり、その土台をしっかりさせることが、カツオ節の海外普及のカギをにぎっているのである。

## ⑵ 外国人技能実習生が抱える問題

フランスへの工場進出という輝かしい動きと対照的に、枕崎市では水産加工や農業など労働力不足を外国人労働者に依存せねばならない状態が続いている。張日新・秋山邦裕によると、九州・山口地方の市町村レベルでの外国人労働者の二〇〇〇～二〇〇五（平成一二～一七）年までの増加率をみると、枕崎市が一二％の増加率で一位とある（張・秋山 二〇〇九：五一－五二）。

また、二〇一三年鹿児島で開かれた地域漁業学会第五五回大会では、佐々木貴文が、カツオ節の生産における労働力と政策課題について発表し論文にもしている。それによると、枕崎市のカツオ節産業の外国人労働力依存の実態を取り上げ、荒節（カビ付けの作業をしないもの）を中心に生産しているある企業では、従業員二四人中一〇人が中国からの技能実習生で、実習生の基本給は同年齢の日本人の七割水準になっているとある。そして、外国人労働者依存体質からの脱出のための労働政策の転換の必要を説いている（佐々木貴二〇一四）。また、五十嵐泰正は安価でフレキシブルな外国人労働者の労働力が、労働集約的で生産性の低い部門、その一つの例として水産加工などをあげ、構造的な問題を抱えた部門に外国人労働者への依存体質が固定化する傾向があることを問題として指摘している（五十嵐 二〇一一）。

カツオ節などの日本食の伝統食材の価値の再認識が進んではいるものの、カツオ節などが、外国人労働者に多くを依存した厳しい労働環境のもとで生産されていることにメディアはあまり目を向けない。もっとも、外国人労働者に依存すること自体については別の見方もあり、外国人労働者がその地域に居住することで、新たな消費を生み出すことを歓迎する声もある（『南日本新聞』二〇〇八・二・三朝刊）。

問題の根は労働環境の改善にあるのであり、それが改善されない限り、労働の担い手の外国人の出身国が、より貧しい国へと移り変わるだけとなるであろう。長年枕崎市に住んでいる山崎はこう語っている。「かつては日本語を熱心に学んでやってくるあるいは学ぶ意思のある中国からの労働者が主であったが、今日は様変わりし、あまり権利主張をせずおとなしいフィリピンからの労働者にとって代わられている。町を歩いてもフィリピンからの労働者であるとわかる人々に出会うことが増えたようである」と。

# 第5章　墓守りはなぜ女か

佐々木　陽子

## 1　鹿児島県南薩の墓参りの特殊性

鹿児島市に赴任してきた当初、墓を目にして驚いたのは、墓の生花の見事さ、ぎっしりとすごい量で活けられていることであった。最初は何の日かと思ったが、一週間たっても二週間たっても、花が活けられ続けているのを見て、これが鹿児島スタンダードだということを知った。写真1のような首都圏の殺風景な墓地風景を見慣れた者にとって、鹿児島の墓花の見事さは圧巻である（写真2）。

だが、いったい誰がこの花を活けているのだろうか。鹿児島では自明視されている墓花を豪華に飾る「墓参り」は驚きとともに、次のような疑問も生じよう。すなわち、「どうしてこれほどまでに大量な花を飾るのか」「なぜこの行為者が（高齢の）女性であることが多いのか」「これだけの花を飾ることの身体的・経済的・時間的負担は、行為者の高齢化に伴い看過しえない問題をはらんでいるのではないか」「墓花を飾ることが先祖を大切にすることと解釈される限り、この行為を停止することは困難をきわめるのではないか」など疑問が尽きない。

鹿児島県南薩の旧山川町（現指宿市）での共同墓地調査を実施した福ヶ迫加那は、高齢化が進み、経済的・

身体的などの複合的理由から、墓花を活けることを当然視する共同墓地から花を活けないことを条件にした共同納骨堂へ移行した事例を考察している。これらの共同墓地の現地調査（二〇一二年秋）を筆者も行ったが、かつては見事な墓花を見るため観光バスまで停まるほどであったと記されている[16]（福ヶ迫二〇一〇：三七）共同墓地に見たのは、豪華に花が飾られた墓と、改葬のため墓石がなくなり草が茂った跡地、「ここにはお骨がありません」「ここはもはやお墓ではありません」とのメッセージを送るべく横倒しにされた墓石（塔倒し）[17]や墓守りを失い荒廃したままとなっている忘れ去られた墓との混在する風景であった。

写真１　埼玉県さいたま市の民営墓地（生花なし）

写真２　鹿児島県枕崎市地域墓地の見事な花
（本章の写真はすべて筆者撮影）

## 2　墓に花を活ける行為とジェンダー

### (1) 見事な墓花を飾るのは誰の役目

枕崎市の墓花の見事さは一九八〇年代の段階ですでに地元紙でも報じられており（『南日本新聞』一九八二・七・七朝刊など）、墓花を豪華に飾ってきた地域として枕崎は位置づけられよう。こうした見事な花を供える行為が戦後のいつ頃から始まったかは定かではないが、枕崎市の地域共同墓地では「花合戦」「花競争」と

**枕崎の地域共同墓地へ向かう道**

枕崎の多くの地域共同墓地にたどり着くには、こうした坂を登っていくしかない。高齢者には体力がいるであろう。かつては舗装もされず、階段もなく、つかまる手すりすらもなかったとのこと。まさしく、這うようにして登るしかなかったのであろう。雨が降った後の墓参りは大変危険極まりないものであったと想像される。

写真３　階段の道

写真４　スロープの道

いう呼び名に現在も違和感を覚えないところもある。仏壇などが置かれる私的空間とは異なり、地域共同墓地は誰の目にも触れるという意味で一種の公共圏といえるものである。公共圏とは世間体を気にせざるをえない空間でもあろう。枕崎市で耳にしたことだが、たとえばご近所から「花が枯れていたからとり換えておいたよ」との言葉には、単なる親切心というより、時には「墓地の管理が悪いよ」「生花をきちんと活けよ」との叱責の意味を強く感じてしまうとのことであった。

枕崎市は鹿児島県内でも電照菊の産地として知られており、花卉《かき》栽培の盛んな地であることが墓花を豪華に活けることに影響しているとの仮説は成り立つ。なぜなら、奄美諸島のほぼ中心に位置している徳之島の花徳《けどく》や母間《ぼま》の地のお盆について、仙田和恵は、「花が少ないので、ほとんどの家では盆花を供えない」（仙田二〇〇三：七八）とある。花の産地でもないところでは、さほど墓花を活ける行為は広まらないのであろう。しかし、枕崎でも、花はその辺に生えている草木や草花を墓前に活けていた時代もあったとの話であり、また、後に述べるように墓花の購入のためにアルバイトまでをもしている話などを聞くと、花卉栽培が盛んなことだけが、墓花を豪華に活けることの原因とは思えない。

枕崎市では、平地は宅地や農地に使用され、地域共同墓地は小高い丘の上などに作られているため、高齢女性にとっては、墓参りは重労働であろう。今も高齢女性がよじ登るように急坂を花持参で「墓参り」しており、墓地に飾られた墓花の風景はかつて「花合戦」と報道された状況を彷彿とさせる。だが、地縁の薄い大規模な市営墓地では、造花の多いこと、枯れた花が放置されていること、改葬されたらしく墓石がなくなり、周囲に草が茂って荒廃していることなどを目にする。

地域の共同墓地でも、墓参りをしていた女たちが高齢になり、市営墓地同様に墓守りを継ぐ者がいないため、「墓じまい」をして納骨堂などへ移転して更地になっている墓地も出始めている。だが、以下のように

## 見事な墓での生花

写真５　見事な本格的花活け
花の正式な活け方は五段構えとか七段構えとかいわれるもので、習得するのに数年かかると言われている。芯になる長めの花をしっかり定位置につけて、その他の花をバランス良く挿していく。生花でも、季節による工夫がみられる。上方の最も背が高くツンツンした形で伸びているのは美人蕉《びじんしょう》と呼ばれる南国の花で、暑さに強く持ちがいいらしい。実のついたものなどをうまく組み合わせることによって、花持ちをよくするようにと考えられている。花の色も鮮やかに仕上げられ、花の活け方から年季の入ったものであることがわかる。

写真６　毎日花と水を替え墓参り
鮮やかな花が対に飾られ、生花と造花とが混在しているが、生花が主になって活けられている。お参りをしている高齢者の方に出会い、偶然その場でお話を伺うことができた。毎日こうして花の水替えに来るとのことであった。花と花の間にはお茶と水が置かれ、息子さんが会社に行く前に、毎朝必ずお茶と水を持って墓参りするのが習慣化しているとのことであった。墓が家の近くにあるため墓参りは苦にならないとのことだった。清掃用具も置かれ、日々墓を掃除しているらしい。

豪華な墓花も健在である。

### (2)「墓参り」を女役割とする鹿児島県枕崎市と男女別なく「墓参り」する宮崎県日南市

「墓参りは女のつとめ」との言葉が複数の女性の調査協力者から聞かれ、「墓参り」はジェンダーに関わる習俗行為の代表格といえよう。首都圏の墓地（霊園）では、彼岸やお盆など特別の日を除いて、花が飾られることはあまりない。こうした殺風景な墓地風景を見慣れた者にとって、鹿児島では自明視されている墓花を豪華に飾る「墓参り」は驚きと共に、墓参りが労働として見えてくる。ことに、顔も知らない「ご先祖様」など情愛対象にない者に墓参りをする「嫁」などの場合はなおさらであろう。

枕崎市の共同墓地は著しい高齢化[18]の中で、どのような方向に今後向かうのであろうか。常に見返りを期待して行為するほど人間は単純とも即物的ともいえないが、「せっせとこんな高齢になるまで墓に通い、先祖のために墓花を供え続けたこの私の死後、いったい誰が今度は私の墓守りをしてくれるのだろうか」との自問に答えを見いだせないことへの漠とした不安が現実的なものとなってきていよう。また「子どもに墓の面倒をかけたくない」との思いも聞かれ、矛盾した心情が垣間見られる。枕崎市在住の共著者山崎は以下のように、コメントしている。

共同墓地から他者が管理する納骨堂への流れは急速で、移すことが出来た人の安堵を聞いたことがあります。「これでもう、いつ死んでもいい。本当に良かった」と、何回、何十回聞いたことかわかりません。花を買い、水を取替え、飾り付ける行為はみんなの情報交換の場でもあったのですが、それがなくなり「あいたらん」（寂しい、虚しい）という声も聞きます。本音で愚痴るのもたくさん聞きます。墓花を飾る行為を外面では誇りにしながらも「花代も馬鹿にならないから…」、「夏は朝夕水換えで仕事も出来ず大変…」など、墓で人に会うと「大変だよねー」が挨拶です。

また、枕崎市同様に花合戦の地とされた指宿市山川町にお勤めで山川に詳しい高田裕子氏も、以下のように花を活けることについてコメントされている。

花代は相当な負担で、芯となるまっすぐな花は、やはり購入しないとうまく活けることができなかったそうです。花代かせぎにパートにでるとも聞いています。実際、「○○の嫁は花活けの上手な良い嫁だ」とか「花を枯らさず感心だ」との評価がついてまわり、逆に、墓をきれいにしないと「バチがあたる」とか「栄えない」等の悪口もいわれる。

祖先の祭祀を主宰すべき者は多くが男性戸主である。ところが、南薩などでは、祖先祭祀の主宰者たるべき一家の主としての男性が「墓参り」では不可視化し、高齢であってもかつて嫁などの位置にいた女性がこの行為者となっているケースも多いようである。

だが、同じ南九州でも、宮崎県日南市出身の二〇代の田中M氏からの聞き取りによると、墓参りの様子はだいぶ南薩とは異なっている。墓参りの半数近くは男性で、墓参りが特に女性役割として位置づけられてはいないとのことである。実家近くの地域の共同墓地でも男性の墓参りはよく見かけ、当たり前の風景になっているとのこと。実際自分の父親が花をもって墓参りすることは日常のことで、実家のある日南市の地域共同墓地では男性の墓参りも当然視されている。さらに、次のような語りから、日南市のこの地区では無縁墓問題が発生しにくくなっているように思われる。

墓に一人でお参りに来ても別に怖いということはないですね。見晴らしも良いし、よく来ていたし。実家の地区では、一ヵ月に一度ある地域清掃の場所が、公園や道路ではなく地域の共同墓地なので、自分のうちの墓だけでなく雑草狩りなどは墓地全体を対象にします。うちの場合、少なくとも一ヵ月に一回ぐらいは墓参りをし花の交換をしますが、鹿児島のようにすごい量の花を挿すことはないですね。確かに共同墓地でも造花が変色して墓が顧みられていないケースもありますが、墓地での地区清掃があるため、草がぼうぼうで背丈ほども伸びて墓が荒れ果てている風景はないように思います。

日南市は鹿児島に近い宮崎県の南部に位置するが、話の内容から随分南薩とは地域共同墓地の有り方が異なるようである。枕崎市のある地区の共同墓地では、墓参りは女の仕事との規範に縛りつけられ、朝の四時五時に人に合わないようにして、男性がコソコソと墓参りをするとの話を聞いていたので、日南市の事例は驚きであった。墓参りとジェンダーの結びつきは、南薩と日南市では大きく異なるようである。

## 3　墓参り（花活け）の簡素化へ向けて

大量の花束を抱えて高齢女性がほぼ毎日のように墓地へと向かい、墓を磨き周辺の掃除をし、花を活けお線香をあげる。これだけの行為がどれだけの労力と時間と金銭を要するか、想像をはるかに超えるであろう。指宿市山川町に縁の深い高田裕子氏のお話では、花は無造作に活けられているのではなく、芯になる花を真中に立てる形で活け、上から段々にしてまとめていくとのこと。さらに「一人前になるのに三年かかった」との話を八〇代の女性からうかがったとのことである。「墓参り」の行為者の高齢化に伴い、こうした労力を少しでも減らす方策が模索されるのは当然な成り行きであろう。鹿児島の夏の暑さでは生花は持たない。花活けの水が熱湯と化すのは時間の問題であろう。晩夏から秋にかけて枕崎市を中心に南薩地方の現地調査をした際、さまざまな工夫が見られた。花を活けることに費やされる時間・労力・金銭を少しでも節約する方向へシフトしてきているようである。

写真８　枝モノのみ

写真7　美人蕉（亜熱帯性）と葉モノのみ

写真 11　初めから花活けは一つの造り

写真９　枝モノ以外すべて造花

写真 10　石造りのひまわりらしき造花

写真 12　花活けを一つのみ使用

第一に、生花には暑さに強いものや、枝モノ・葉モノ・実モノを中心にしている（写真7・写真8）。これらは、なかなか枯れずに日持ちがよい。第二に、造花へのシフトである（写真9）。造花だから「悪かろう、安かろう」というのは偏見のようである。ある共同墓地で高齢女性と会話する機会を得たが、墓花として挿されていたひまわりが全く本物に見え、造花と言われるまで筆者は気づかなかった。一本三七〇円もしたとのことである。鹿児島では複数の墓地で見ているが、石造りのひまわりらしき造花もある（写真10）。第三に、花活けを一つにしたり、二つある場合片方のみを使用したりしている（写真11・写真12）。

## 4 墓守りの喪失による無縁墓の増大

### (1) 無縁化の実態

写真13〜写真18は、墓花が豪華さを競ったといわれる旧山川町と枕崎市の市営墓地および地域共同墓地などの無縁墓の様子である。九州各地の墓地もほぼ似たような実態が見られる。

「花合戦」「花競争」という言葉が連想させる墓花は、世間体や見栄と無関係とは言い切れまい。墓花は「先祖を大事にしている証し」とみなされるために、「花合戦」から抜けるには「勇気」がいるであろう。なぜなら、墓花を活けるのを止めることは、先祖をないがしろにするとの烙印を捺されかねないからである。先祖に手を合わせ一時でも思いを馳せる「美しい」行為が、嫁と呼ばれる女性に担わされてきたことを考えると、実は個人的情愛とは異なるイエ意識の具現化ともいえよう。だが、こうしたイエ意識も家族の変容にともなって変化してきていることが指摘されている（井上二〇〇三）。筆者は鹿児島県および九州を中心に西日本の共同墓地や市営墓地を数年間かけて現地調査してきたが、その無縁化ぶりはすさまじいものもある。

## 枕崎市と近くの旧山川町（現指宿市）などの
## 公営墓地・地域共同墓地の実態

写真13　墓石が取り除かれ改葬されたのではと思われる。台座のみが残され、お骨はないものと考えられる。周囲には草が生え風化した時間が感じられる。墓花が活けられている墓がある一方で、こうした墓の機能を終わらせたものも共存している。

写真14　立派な屋根つきのお堂の中の墓地ながら、のぞいてみると墓石がないものもある。手前は墓石を移動されたもの、奥の二つは墓石が横倒し（塔倒し）になり、もはやここにお骨がないことを物語っている。空き地と化した墓地には低い草木が茂り荒廃した印象を受ける。

写真15　枯れた花が放置され腐っていたりドライフラワーのようになっていたり、墓地の機能は一部に残っているものの墓が放置状態である。共同墓地の「共同性」は消え失せた感がする。墓が今も生きていると思える部分と墓がもはや死んでいると思われる部分とが共存している。

写真16　墓石の状態から墓が建てられてからかなりの年月がたっていることがわかる。挿された花は造花で、変色し時間の経過を忍ばせる。墓石も変色し傾いている。この墓の付近では美しい墓花が活けられている墓もある。この墓自体の周囲は草が茂り放置された状態である。

写真17　市営墓地などでは樹木の高さ制限をしているところが多い。無縁化のバロメーターは樹木・雑草の放置状態である。植栽は許されているが、この墓は放置されたままで、無縁墓状態と思われる。

写真18　隣との境界の敷石が崩れ、墓が中央にあるが地衣類に覆われ緑色に変色している。墓参りがなされていないことがわかる。裏側は実にきれいに管理されており対照的である。

墓は樹木で全く見えない、ツタ類がからまり墓石が見つからない、地衣類、なかでもオレンジ色の地衣がはえて戒名が見えない。そして最終的には墓石の倒壊である。

## (2) 無縁墓問題の何が問われているのか

墓地の現地調査で墓石の林立する墓地にたたずむとき、墓地は我々の生きている社会のあり様を映し出す装置であることを実感する。というのは、我々が生きている社会の一断面として、墓に眠る死者の扱われ方を通して、社会の習俗のあり様や、家族や地域社会のあり様をものぞき見ることができると考えるからである。墓地問題の研究者である森謙二が、「墓地にはその時代の凝縮された映像が、映し出されている」(森二〇一四:二九)というのは、こうした意味合いであろう。墓守りを失い荒廃した無縁墓の増大は、現代社会に発生した極めて近年の問題と思いきや、その認識は間違っているようである。日本で初めて戦前に公園墓地を設計した井下清をはじめ土居浩や森謙二などにより、無縁墓の増加問題が昭和戦前期にすでに問題視されていたことが指摘されている。さらには、無縁墓問題は近世にまでさかのぼる問題であることを含め歴史的問題として指摘されている(井下 一九三二、土居 二〇〇一・二〇〇六、森 二〇一四)。

墓の無縁化は、このところ急激にメディアでも取りあげられ、無縁墓の増大の深刻さ、墓石の不法投棄問題などがクローズアップされている。『南日本新聞』(二〇一四・六・二九)では、「二〇年で二二一〇ヵ所減消えゆく墓地　過疎高齢化、維持難しく」とのタイトルで、鹿児島県の現状が取り上げられ、横倒しにされた墓石の写真が掲載されている。また、『朝日新聞』(二〇一四・七・三〇朝刊)でも、「縁切れ　さまよう墓　不法投棄　山中に山積み」とのタイトルで、兵庫県あわじ市に推定一五〇〇トンにも及ぶ不法投棄された墓石の写真が載っている。さらに、熊本県人吉市環境課による市内墓石全数調査の結果が公開されている。[19]

その結果について、新聞では、市内の墓一万五一二三基のうち四割超が無縁墓だったと報じられている（『熊本日日新聞』二〇一四・九・一〇、一一朝刊など）。こうした記事から「墓の墓場化」とも言いうる無縁化の進行が、今後ますます深刻化していくであろうことが予測されよう。[20] 筆者も拙稿（佐々木陽子 二〇一六）で以下の観点から無縁墓の何が問題かを死生観との関わりで論じた。

死者がその存在を忘却されていくことは、墓守である死者にとっての親しい生者もまた死すために不可避と言えよう。家族のあり様の多様化が墓の多様化に連動すること、少子高齢化や産業構造の変化につながる地方の自治体における人口の流出等は、墓守りの喪失を生み出すであろう。現地調査で、無縁化し放置された墓石が割れ崩壊したそばで、今も高齢の女性たちが丁寧に墓を掃除し花を活けている姿を目にするたびに、墓の生と死の共存風景を垣間見る思いがする。

墓地の無縁化と死者の忘却の関係が、「墓石」をキーワードに論じられている。墓の素材が樹木であれば自然と腐敗するが、石を素材化したことから、墓地問題がひきおこされたとの視点を、柳田國男は提示する。かつては死者の亡きがらは遠い浜や谷の奥に隠し、樹木ないし石ころなどを置いて場所確認に利用していて、やがて死者は忘却されていく。今から三〇〇年前頃から石碑に字を刻み、「人は競うて大小の石を立てて、おのおの祖先の埋葬所という土地を占有しなければならぬようになった。（中略）樹を植えるならば成長して大木となるまでに、自然の忘却は静かに訪れ来たのであるが、石はむしろ惨酷なほどに、人間の記憶を引き留めた。（中略）自葬の禁止と永久墓地の限定とは、新時代の力を注いだ整理方法であったが、これはただ前のものを粗末にする原因になっただけで、新たに石碑の巨大なるものが乱立する傾向を制するわけにいかなかった」（柳田一九九三［初出一九三一］：二八〇‐二八三）とある。

無縁墓問題は、死者と生者の関係性を問う死生観に関わる位相の問題を内包すると同時に、物理的に無縁墓をどう改葬していくかは、市営墓地などでは行政にとって喫緊の問題でもある。こうした位相では、荒れ果てた墓地改葬のために、無縁化した遺骨の合葬も視野に入ってくる。今日、血縁を超えて他者との合葬を受容する動きも起きており、樹木葬や散骨(21)といった語を目にする機会も増えている。

死は人称を内包しており(22)、自分にとっての大事な情愛の対象の死者、すなわち「二人称の死者」は忘却の対象にはなりえないであろう。時間と共にその喪失感の苦悩が遠のいたとしても、その死者を記憶にとどめている人が生存する限り記憶として死者は生き続ける。しかし、記憶している人がこの世からいなくなれば、死者は忘却される。無縁墓問題には多様な問題が関係しているため、その解決策も個人個人の人権意識・宗教意識・家族意識・経済力・居住地の行政の施策など多様な要因によって揺れ動く極めて困難な問題と言えよう。

### (3) 墓地行政――無縁化対策

表1と表2は鹿児島市環境衛生課斎園係、表3は枕崎市市民生活課環境整備係に問い合わせご教示いただいた結果、知りえたことである。鹿児島市では共同墓地が多く、その墓数も示されている。地域共同墓地でも墓地の所有権が個人名義になっているものが多いと考えられるため、墓地の所有権の所在で分類すると個人墓地との区分け方もできよう。

表2からわかるように、鹿児島市営墓地では無縁墓を調査し把握しており、一定期間（一年という自治体が多い）墓などに墓の所有者に名乗り出るように告知して、申し出がない場合には撤去して再度貸し出すことになるが、かなりの比率で撤去がなされていることが数値からわかる。

枕崎市についても墓じまいをして墓を撤去した場合には、権利を売ることもできる。だが、墓守りを喪失

表１　鹿児島市の墓地種別

| 種別 | 所在数 | 基数 |
|---|---|---|
| 市営墓地 | 18 | 43,400 |
| 市営納骨堂 | 2 | 882 |
| 共同墓地 | 642 | 不明 |
| 民営墓地 | 23 | 19,842 |
| 民営納骨堂 | 76 | 28,846 |

※ 2015（平成 27）年 10 月 1 日時点で把握している数

表２　鹿児島市の無縁墓と撤去数

| 種別 | 当初（平成 22 年度） | 撤去数 |
|---|---|---|
| 無縁墓 | 2,686 基 | 1,159 基 |

※ 2015（平成 27）年 10 月 1 日現在

表３　枕崎市の墓の種類

| | |
|---|---|
| 地域で管理している集落墓地 | 38 地区　69 ヵ所 |
| 宗教法人（民間）の納骨堂 | 3 ヵ所（西光寺、立真寺、慈海寺） |
| 市営墓地 | 3 ヵ所（川路墓地　立神墓地　犬牟田墓地） |

したまま放置され無縁化が広がっていることが現地調査から看取される。だが、枕崎市では無縁墓についての数値は出されていないとのことであった。

鹿児島市をはじめ市営墓地によっては行政がタテ看板をたて墓地の無縁化を防止するため、期限までに申し出ない場合は、墓地を改造し新たな活用へ向けて動き出していることが報道されている（『南日本新聞』二〇〇九・七・一五、二〇一一・一二・四など）。

枕崎市営墓地使用条例一四条では、「使用者の属する家が廃家又は絶家になったとき」「使用者が住所不明となって一〇年を経過したとき」墓地の使用権は消滅するとある。各地の共同墓地では「共同」といいながら、生きている墓と死んでいる墓とが共存している奇異な風景を目の当たりにし、「共同」の意味を問いかけざるをえない。

かつて、高齢者が「嫁」と呼ばれていた時代、「花を持ち、墓参りに行ってくる」といえば、舅姑も「行くな」とはいわなれかったであろうし、世間からも「良くできた嫁」と誉められたことであろう。舅姑から解放され、墓参りに行けば気心の知れた嫁同士、娘時代に戻った気分でおしゃべりに花を咲かせたかもしれない。墓参りの坂道も若ければ苦にはならなかったであろう。しかし、もはやこうした時代は過去のものになりつつある。無縁墓が増加する一途をたどりはじめている。

## (4)「二人称の死者」から「共同」へ

大規模な公営の共同墓地に限らず地域の小規模な共同墓地の「共同」とは、同じ敷地に個人墓（家墓）が共に在ることであって、同じ祖先を共に祀る空間であることを意味しない。そのため、共同墓地での「墓参り」は、同じ敷地に共にあることに由来するルールを守る限り、親密圏での「お供え」同様、各自のやり方が許されてよいはずである。家庭という親密圏での「お供え」のあり方は多様であり、思い思いの仕方で死者を記憶し、彼岸での死者の安寧を祈っている。ところが、「お供え」と同様の心性を伴うはずの「墓参り」が、公共圏でなさると画一的な「花合戦」と呼ばれるような様相を見せることもある。その理由として次のようなものが考えられよう。

すなわち、花を美しく供えることは、死者なり祖先を大切にするとの思いの発露としての行為である場合も想定されるが、地縁の強い地域では、花を豪華に供えることが、死者なり祖先を大切にしていると外部に示すものとしての効果ゆえとも考えられよう。だが、それは裏返えせば、花を豪華に飾らないことが死者なり祖先を大切しないと他者から非難の眼差しにさらされることでもありうる。

「墓参り」の行為者は、嫁などの女性であることが多く、祭祀の主宰者である一家の主ではない。それゆえに、花を豪華に供える「墓参り」がいかに身体的・時間的・経済的に負担を伴っても、その大変さが家族内の問題として受け止められず、「墓参り」の簡素化へ向けて促進させる力になりえなかったのではなかろうか。こうして、地縁の強い地域の共同墓地では、いつしか「共」に「同」じく花を豪華に飾らなければならないとの「共同」墓地へと変容して行く場合もありえよう。このような変容がもたらす桎梏《しっこく》から逃れる道はいくつか考えられる。

一つは、地縁を断ち切るため居住地を移し新たな居住地で墓地を求めるか、居住地はそのままに、納骨堂へと移しかえる道である。しかし、こうした事例が増えていけば地域の共同墓地の荒廃は促進されることになる。

いま一つは、地縁の強い地域のなかで「共」に「同」じでなければならないとの規範を、生花を飾らないことで実現する道である。福ヶ迫（二〇一〇）が言及している地域の共同墓地から共同納骨堂への移行は、地縁の強い地域のなかで共同墓地に生花を豪華に飾らない等の共通の選択をすることは困難ではあろうが、不可能ではないことを示している事例といえよう（写真19）。

鹿児島市のある屋内市営納骨堂では一切生花がなく、造花で統一された小さな仏壇が並んでいる（写真20）。空も見えない風さえ感じられない屋根つきのこの納骨堂を訪れての筆者の第一印象は、「みんな仲良く暮らしている」といった不思議なほど素朴なものであった。この体験から語りうるのは、自分にとってかけがいのない「二人称の死者」に向けて、彼岸においても幸せでいて欲しいとの願いは、特定の死者へ向けての祈りでありながら、その先に響き渡る可能性がありうるのではとの思いである。彼岸が不可視であるとは、「二人称の死者」を抱きしめ「私はあなたを忘れない」と語りかけることだけに終止せず、同じように彼岸にいる多様な死者を死者として受容する心性に連結する可能性をも意味しているのではなかろうか。こう考えると、共同墓地は「二人称の死者」が眠るところでありながら、同時に多様な死者も眠るところでもあり、「二人称の死者」にささげた祈りが間接的ながら多様な死者にも届いてしまうという意味で、「共同」なのだとの心性を生じせしめる可能性を孕んでいるのかもしれない。であるなら、墓の後継者がいないなどの困難を抱えているが、また墓地行政が何より重要であることはいうまでもないが、心性の面からの推進力により共同墓地の荒廃を緩める方策へ向かう可能性も模索できるかもしれない。

日南市の墓地清掃において、我が家の墓地の区切りを外して、誰の家の墓地であるかに関わりなく行う地域の清掃活動に見るのは、まさしく「共同」意識の具現化ではなかろうか。自分の家の墓地の囲い込みを解くことで、結果的に地域の無縁化を阻止することに結びついていると思われる。

写真 19　旧山川町の 36 軒分の共同納骨堂
各納骨堂には花活けがなく、仏像の前にのみ造花が飾られている。18 個の納骨堂が 2 列あり合計で 36 軒分となっている。地域共同墓地の一画に、花が一切飾られていないこの納骨堂がある。

写真 20　鹿児島市営納骨堂
小さな仏壇の形で、すべて造花が飾られている。下の開き戸にお骨を納める形で統一されている。すべて埋まって空きがない。管理人が常駐している。(屋内の写真撮影は管理者の許可あり)

# 第6章　女郎墓と遊郭

佐々木 陽子（1〜3、5）／山﨑 喜久枝（4）

## 1　山奥の鉱山で見いだせなかった女郎墓

渡部知倶人《わたべちぐと》は、鉱山跡に残っている無縁墓を現地調査し、宮崎県と大分県の県境の険しい山岳地帯の鉱山跡を捜し歩き女郎墓を見いだそうとした。今から一五〇年から三〇〇年前に鉱山関係者が暮らし、その跡が無縁墓となっているとされる地帯である。著者は女郎がいたであろうことを確信し探すが、明確に女郎墓と言えるものは見いだせなかった。「納屋のごとき宿舎の飯炊き女、掃除婦、飯盛り女あるいは女郎など、末端労働者や彼らを慰安する女性たちが含まれていたことは疑念の余地はない。（中略）その権力者を支えた、その他大勢の人々、さらに底辺にあって息絶えた男女たちは、ただただ石柱のみを残したに過ぎなかったのであろう」（渡部 二〇〇七：一二〇）と記している。

## 2　枕崎市金山の女郎墓

『枕崎市史』には金鉱山と女郎について次のような記述がある。

写真１　枕崎の女郎墓の入り口看板
（以下本章の写真はすべて佐々木撮影）

写真２　ロープづたいに登る（○印）

写真３　小高い丘の上にある枕崎の無縁墓（教育委員会関係者の関利治氏の話では、ここのように加工されていない墓石が女郎墓で、この墓の近くにある写真４の墓石群のように角を加工してあるのは武士の妻たちの墓とのことである）

写真４　苔むし文字の読める墓は少ない

鹿籠金山

（前略）天和三年四月開抗された鹿籠金山（中略）の最盛期は開抗後三十年くらいを経た宝永（一七〇四～一七一〇）のころで、その産金額は毎月青金で三十六貫ずつ、三十六か月も打ち続いたと伝えられる。「長崎から遊女数十人が招かれ、酒宴歌舞等の遊興日夜相つづき、人々皆金銭を湯水の如く消費してその繁華なること言語に絶し」たといわれる。当時の料亭の敷地跡、遊女の墓と思われる無縁墓地がいまなお付近に残存している。

（枕崎市史編さん委員会一九六九：九六四－五）

写真５　真ん中上に「信女」（○印）

この金鉱山のあたり一帯が金山《きんざん》という地名となっている。そのため、以下単に金山と表記している場合は、地名としての金山を意味している。

枕崎市には金山と新町のほかにも遊郭があったとのことである。料理屋（ずいや）＝売春宿、後には割烹＝売春宿というイメージだったと聞いている。教育委員会関係者の関利治氏に女郎墓や金が掘り出されていたところにも案内していただいた。金の掘り出し口が今もあるが、子どもがもぐって入り込むなどの事故防止のために、柵が設けられていた。しかし、今でも金を掘ろうとすれば出るとの話だった。ただ一〇万円分の金を掘ろうとすると一四万円ぐらいかかってしまうので、誰も掘らないとのことだった。

枕崎の女郎墓にたどり着くには道なき道を行き、しかも墓が小高い丘の上にあるためよじ登るようにしなければたどり着けない。地元でも知らない人もいるのではないかと思われる。うっそうと樹木の繁茂する中に隠れるようにしてある。写真1にあるような女郎墓の立札や、写真2にあるような道案内のロープが設置されたのは、最近であるとの話だった。(23)苔におおわれなかなか字の読める墓石が少ないなか、「信女」と書かれた墓石を発見した。墓石といっても倒壊状態のものも多く、年月が経っていることを感じさせる。

## 3　鹿児島市錫山の女郎墓

鹿児島市の錫山《すずやま》地区にも女郎墓があるが、こちらは地域の公民館に管理され、女郎墓への道にも階段がつ

女郎墓
写真6　鹿児島市錫山の女郎墓入口

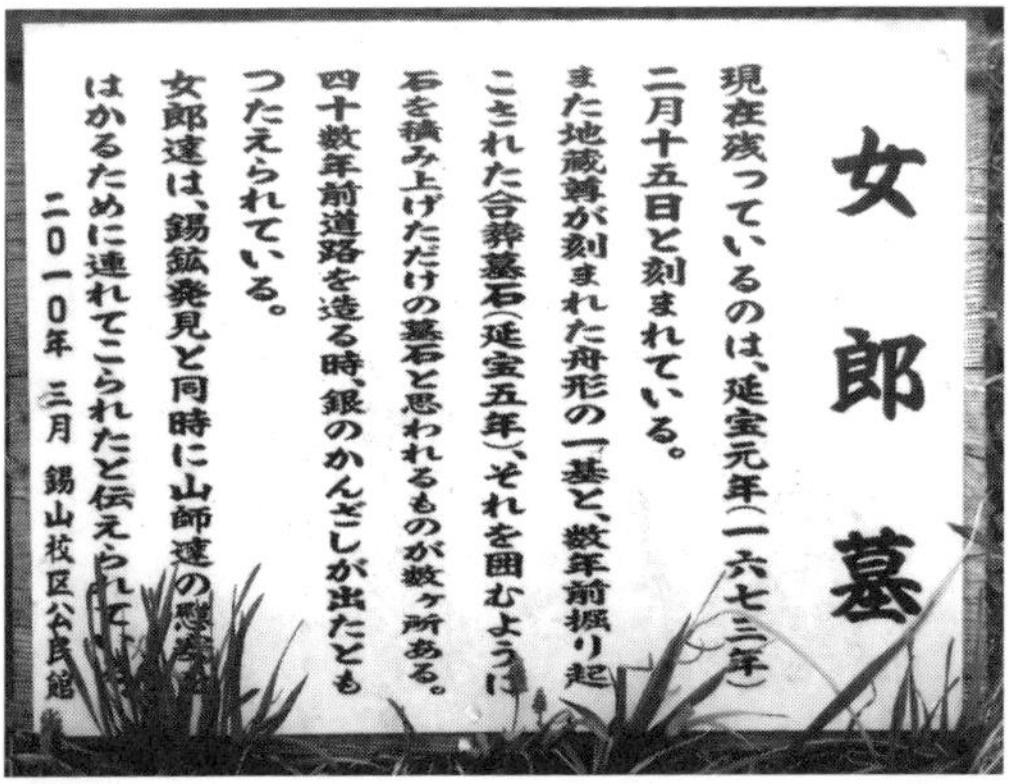
女郎墓
現在残っているのは、延宝元年(一六七三年)
二月十五日と刻まれている。
また地蔵尊が刻まれた舟形の一基と、数年前掘り起
こされた合葬墓石(延宝五年)、それを囲むように
石を積み上げただけの墓石と思われるものが数ヶ所ある。
四十数年前道路を造る時、銀のかんざしが出たとも
つたえられている。
女郎達は、錫鉱発見と同時に山師達の
はかるために連れてこられたと伝えられて
二〇一〇年　三月　錫山校区公民館
写真7　女郎墓の説明看板

写真8　鹿児島市錫山の女郎墓遠方に説明板

くられ、その上、道案内や女郎墓の説明板も立てられている。枕崎とは異なり、周囲の樹木は伐採されて陽が射すため明るい。

説明板には、延宝元（一六七三）年の墓があること、「女郎たちは錫鉱発見と同時に山師達の慰安をはかるため連れてこられたと伝えられている」と明記されている。

## 4　枕崎市に存在した遊郭に関する聞き取り

枕崎市には、第一に金鉱山のそば、第二に市街地から離れた新町の海沿い、第三に比較的新しい地区としての市街地、合わせて三ヵ所に遊郭があったとのことである。

枕崎の遊郭や女郎についての文書資料は、上述の『枕崎市史』以外に見いだせない。貧困な家庭に生まれたがために、身体を売る女へと変身せねばならなかった娘たちがどんな思いで生きていた

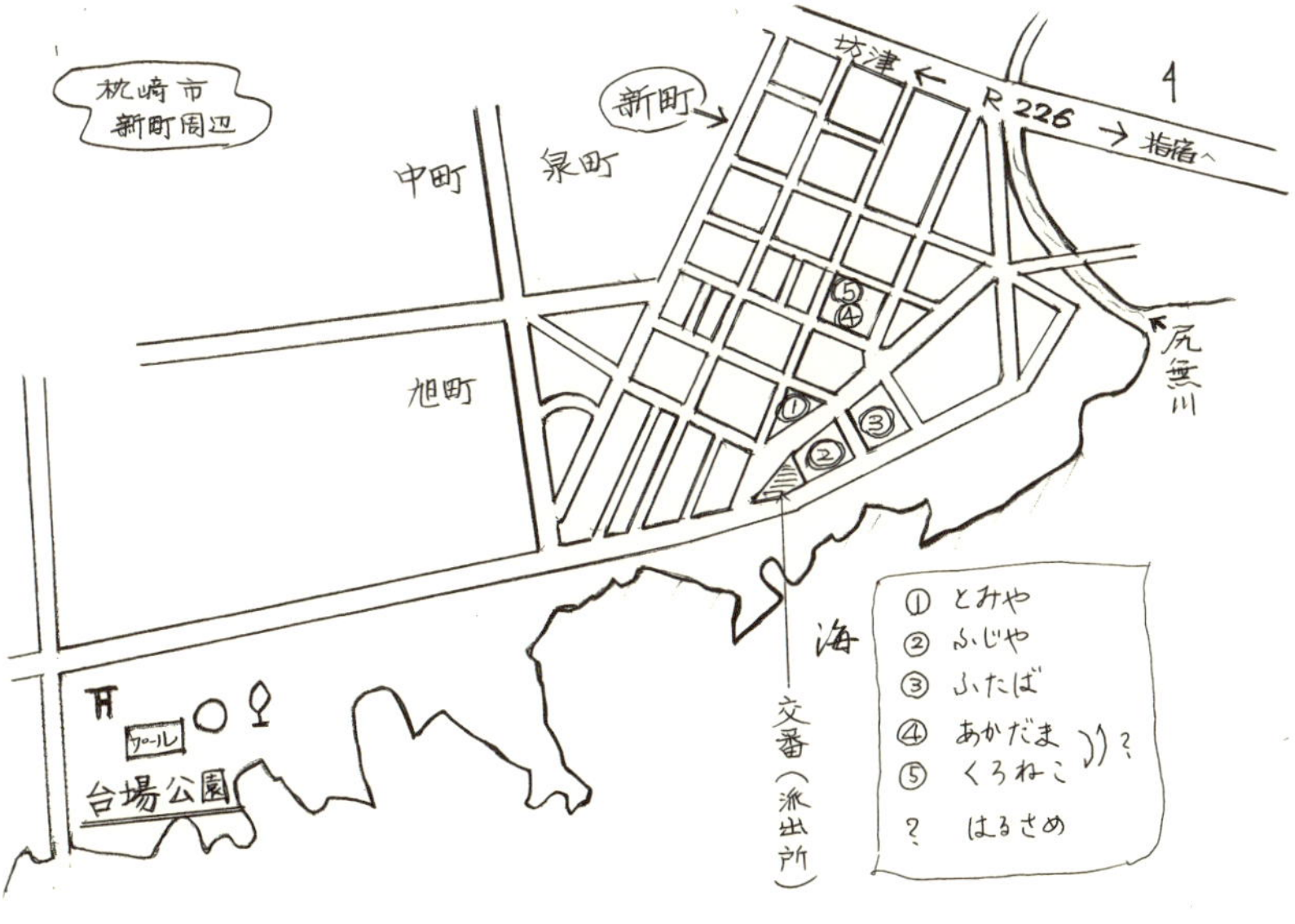


図１　枕崎市新町周辺の料理屋（ずいや）＝遊郭のあった場所（山﨑が聞き取りによって確認）
山﨑喜久枝画

写真９　枕崎の新町の遊郭を兼ねた料理屋（ずいや）
出典：『鹿児島縣枕崎町制記念寫眞帖大正十二年七月一日』

のか、この枕崎の女郎墓に立つことで想像するしかない。熊本の東雲楼《しののめろう》や東京の吉原と異なり、枕崎市の金山では規模の小さい店がぽつぽつと建ち並んでいたらしい。新町の遊郭は『鹿児島縣枕崎町制記念寫眞帖大正十二年七月一日』のなかに、料理屋として載せられた古い写真の中に見いだせる。料理屋を経営しながら遊郭も営むといった形が多かったようである。写真９からもわかるように、かなり立派な料理屋もあり、新町の遊郭は、枕崎においては本格的な遊郭であったらしい。

### ⑴ 金山の女郎墓と女郎屋の跡

枕崎の金山には「女郎墓」が存在する。金山在住の人々が三〇〇年以上、代々語り継いで来られたおかげでそれと分かるものである。特に教育委員会関係者の関利治氏は「貴重な文化財である」として丁寧に守り、管理し受け継いで来られた。関先生に案内して頂きながらお話を聞くことができた。

金山郵便局を過ぎてすぐのところを右手に入ると、「トントン川」に「思案橋」がかかっている。「トントン」は太鼓や三味線の音と調理をする包丁さばきの音のこと。「思案橋」は「一日の稼ぎを女郎屋で使うかどうするか」橋のたもとで思案したからついた名前だという。道路向かいの畑が女郎屋の跡だという。ここで女たちが働き、生活したのであろう。

遊女たちは、役人の管理のもと島原から連れて来られたということである。金鉱山も島津氏の管轄であったから女郎屋も官営の場所だったことが推測される。

女郎墓のすぐ下、山の中腹の端に「武士の妻たちの墓」と言われるものが十数基固めて置かれている。これは大きく全て四角い墓の形をしており、文字が刻まれている。女郎たちは死んで葬られ石を乗せてもらっただけでも有り難いことだったのかもしれない。そして、長い間この山の所有者が不在のまま忘れ去られるところだったものを、地域の人たちが語り継ぎ、関利治氏が見回り、枝払いなどをして護りついできた。

## (2) 料理屋（「ずいや」）の女たち

枕崎の新町あたりに「ずいや」と呼ばれる料理屋、いわゆる女郎街があったという。できたのはいつの頃であろうか。その界隈の近くには「台場村」もあった。薩摩藩の砲台場があったところだから、役人相手につくられたともいわれている。その一帯は現在、台場公園・プールなど市民の憩いの場になっている。沖からの海風が強かったのか、昔の民家は地べたに張り付くように低く建てられ、その屋根の上に大きな石が幾つも乗せられていた風景が私の記憶に残っている。

枕崎の方言で「ずいや」と呼ばれていた料理屋がある。鹿児島の方言では料理のことを「ずい」とか「じゅい」とかいう。枕崎でも「女たちが酒さかなでもてなした店」のことを「ずいや」と呼んでいた。「夕方になると女たちが着物を着て店の前に出てきたものだった」と当時を知る人はいう。

しばしの宴が終わると男たちはお気に入りの女たちの手を引いて二階の個室へと消えたというのである。役人たちが仕事場から「ずいや」まで通う道のりを「茶屋道」といい、行きついたあたりが「茶屋」だという話は以前に聞いたことがある。

「ずいや」の記憶がある年配の方々の語ってくれたことを聞き書きしてみた。「知っているよ」という人は意外に多かった。新町の「ずいや」は江戸時代からあり、官営のものという。赤線廃止の頃まで、またその後も新町以外に「割烹」など色々な名称をつけて主に船員を相手にした店がたくさんあったようだ。証言をそのまま紹介する。

### (3) 新町の「ずいや」についての聞き取り

**●証言1** 昔の「ずいや」街を案内してもらった。「ずいやは昭和二九年頃まであって、それから廃止になった二六年かも知れない？　赤線廃止のときだったのではないかな。小さい頃の私の記憶では、店の名前は北側から『くろねこ』、『あかだま』、道を挟んで『とみや』、その右となりに『ふたば』、そして南側に『ふじや』と五軒の女郎屋があった。見取り図に描いた『くろねこ』と『あかだま』はもしかすると反対だったかもしれないが、ここのおかだ。見取り図に描いた『くろねこ』と『あかだま』はもしかすると反対だったかもしれないが、ここのお姉さんたちと遊んだ記憶はない。『とみや』も実家にいちばん近いが親たちも親しくはしていなかったようだ。『ふもしかすると『とみや』は早く辞めたかもしれない。『ふたば』は親も『ふたばのだんなさん』と呼んでいた。『ふたばの奥さん』と呼んだ記憶はあまりないがよく遊んだ。親が親しくしていたのは『ふじや』で『ふじやのおとっちゃん』『ふじやのおっかさん』と呼んでいた。『ふたば』『ふじや』のお姉さんたちとはよく遊んだ。道端でケンパをしたり、あやとりをしたりした。空襲に合う前の昔の道は本当に細く路地だった。今の道は焼け跡の区画整理で広くなっている。当時はみんな外で遊ぶものだった。家は狭く、子どもが多かったから。二階にも上がったことがある、中廊下があって左右に部屋があった。四畳半くらいの部屋で着物がかかっていたのを覚えている。別の店の二階にも行ったが同じような作りだった。

女郎さんがどこに葬られたかなど考えたこともなかった。今、知る人がいるかどうか？

小さい頃どこに住んでいるかと聞かれ、新町だというと、えー、ずいやん木戸か、と侮蔑をこめた感じでいわれるものだった。だから先手を打って、由緒あるずいやん木戸に住んでいるというものだった。ずいや街のいちばん南側の角に交番（派出所だったかもしれない）があったことを思いだした。そこに立ってみたら五軒、すべてのずいやが一望できるようになっていた。ちょうど、放射状の刑務所のような感じである。

（匿名希望、二〇一六・四・七、図1参照）

**●証言2**　新町の女郎屋は六軒あった。もう一つは「はるさめ」という店だった。その周辺を「ずいやん木戸」と呼んでいた。女郎さんたちは全部で五〇～六〇人くらいいた。いちばん長くやっていた店は「ふたば」だったと思う。

昭和三三年の赤線廃止のときにみんな辞めた。ここらは俺が中学校卒業から二二歳まで縄張りだったからよく覚えているが、女郎さん達は若い時だけいたので、年配の人がいたとか、女郎さんたちが死んだという話は聞いたことがない、墓のことは分からない。女郎の「フジさん（仮名）」は身請けされて市内で生活していたよ。

当時は、夜の一一時か一二時頃になると女郎さんたちはみんな外に並んで客引きをした。客は女郎の胸に付けた名札を見て、二番なら二番の手を引いて二階に上がっていったものだった。泊まりはさせず、一人二時間位で、最後の客も帰らせた。昭和三三年頃で貸し切り一晩八〇〇円〜一〇〇〇円、一時間は二〇〇円の料金だったと思う。

（三角道《おさむ》氏、八一歳、二〇一六・六・一三）

●証言3　新町の『はるさめ』は『ふたば』の西側の、道路を挟んで向かい側にあったのよ（地図を指差して示してくれた。図1では明記していないが④と①の間）。『はるさめ』はもともと私のオバ夫婦が経営していたもので、その名前は『ほいらい』という名前の「ずいや」だった。それを買い取って『はるさめ』という名前で始めたもの。私は女郎さんたちと話した記憶はない。

その後、オバの夫の立石明が中町に移して、『明石旅館』として経営を始めた。

（揚野柚《ゆう》子氏、七八歳、二〇一七・一・一二）

●証言4　ここの女郎屋は江戸時代からやっていて官営だった。坊津にも飲み屋（女郎屋）はあり宿泊もさせていた。泊まりもたくさんしていた。

（栗野勇氏、八〇歳、二〇一六・六・一三）

●証言5　私が「ずいや」の傍を歩いていると、お姉さんたちがよく二階から手を振って声をかけ、上がってこいというものだった。いってみると「あなたの作る着物は袖ぐりがとても美しいから、あなたに縫って欲しい」といってよく頼まれるものだった。私の母さんは「女も一人で食べていけるだけの手を持たないといけないから」といって和裁を厳しく仕込んでくれた。女中をしていたときに宝塚を見に行った。その人たちが着ている着物の袖ぐりの美しさが気に入ったので、それを一心にまねて覚えたものだった。「ずいや」のお姉さんたちはとても喜んでくれた。数えきれないくらいたくさん縫った。

（小川タミ氏、九三歳、二〇一〇・八）

## (4) その他、街中のずいや「割烹」についての聞き取り

●証言6　昔は町はずれの新町だけでなく、街の中にもそれらしき店はたくさんあった（図2参照）。看板は「ずいや」から「割烹」と変わっていた。だから私は「割烹」は女郎屋のことだとばかり思っていた。友達のタエチャンのうちも割烹だった。よく遊びに行ったが、中学生の私はそんな所なんだと思っただけで別に変な感じはしなかった。

（匿名希望、二〇一六・五・二八）

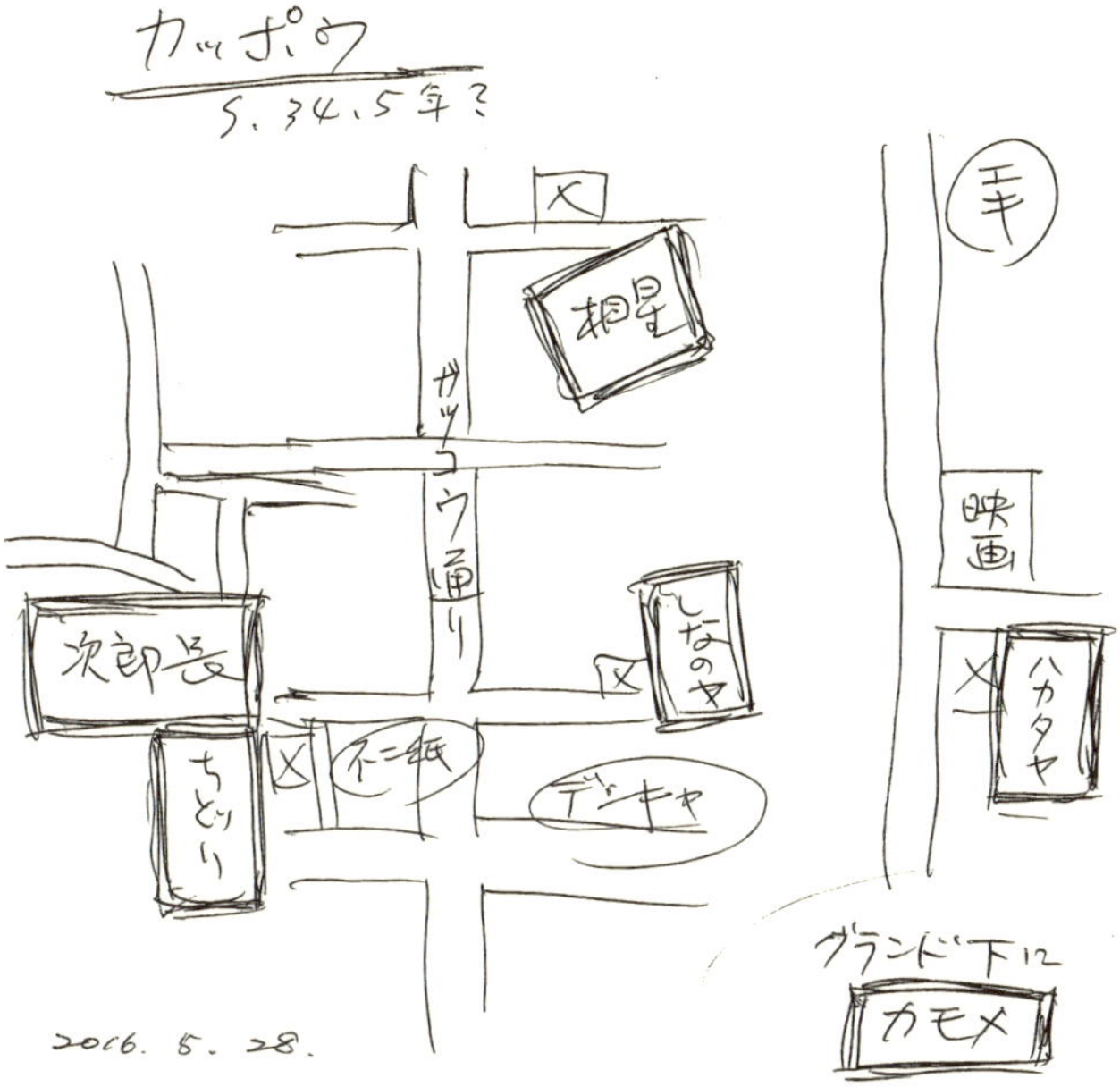


図2　市街地にあるずいや（割烹）＝遊郭のあった場所（加藤郁子氏画）

●証言7　昔は、「ずいや」のお姉さんたちが何人かずつ揃って森病院（産婦人科）に検査に行くのを見た。お姉さんたちはみんな「残念羽織」と言って丈の長い羽織を着ていくものだったよ。梅毒にかかったら顔が紫色になって死ぬんだから。伯父が台湾で遊んできてこちらで女郎さんに梅毒をうつしたのよ。体全体が紫色になって死んだのよ。（新町の女郎屋かどうかわからないが）父から聞いた話だけど、当時はそういうものが二〇軒くらいあって女郎さんたちはそこの笠沙や宮崎から売られてきた人もいたということだった。三人姉妹で売られてきた人も

いたという。いちばんみごっかった（きれいだった）のは「マメちゃん」という人だった。「どらんもんの皮ははげてんとん皮ははげん」（道楽者の皮ははがせて辞めることができても、泥棒の皮ははげず一生続くものだ）という言葉が世間ではよく使われていた（女遊びも辞めようと思えば辞められるということをいいたかったのだろうか?）。また、夫の石雄は小さい頃、母親が早く死んでしまった。父親がそういうところに行って石雄に二時間遊んで来いと言い小遣い銭をくれるものだった。石雄はアメ玉とカッタ（メンコを鹿児島ではこう呼んだ）を買って遊んでいたといっていた。後に、一回の遊びが二時間だったのだと思ったという。

女郎さんの個室の入り口はふすまではなく戸で、中から鍵をかけられるようになっていた。中には着物がかかり、どの部屋も大きな鏡が置いてあった。船員も長いあいだ三分金で生活していたが昭和四二年から給料制になり月給二万円になったので生活は安定してきた。（立石愛子氏、八〇歳、二〇一六・六・一三）

＊「残念羽織」とは丈の長い羽織のこと。もう少し長ければ着物として着られるのに、と残念がったということからその名がついたという。

＊「相星」の正確な名称は、当時を知っている高齢者の方々に山﨑が聞いてまわったが判明しなかった（相星さんという人がここで経営していたのは明らかだが、看板が相星だったかは不明）。

●証言8　「ずいや」の女については、四〇年前に亡くなった父がそっと話してくれたことだが、鮮明に記憶していることがある。「うちの息子がずいやに入り浸って戻ってこない。仕事を継がせようと思うので連れ戻してきてくれないか」と、ある親御さんから懇願された。父は、親御さんの思いを伝えに行ったが戻らないという。どうしたら戻るのかと聞いてみると「この女と一緒でなければ戻らん。おめ（妻）にしてくるっとなら戻ってんよか」というので、その旨伝えた。親御さんは大金を持って身請けを頼みにきた。すぐ結婚式を挙げさせた。よい夫婦になり子どもも三人できて元気に暮らしていると父は喜んでいた。後年、その子

どもの一人が結婚するというので結納役が巡ってきたと喜んでいた（一九五五年頃に聞いたこと）。（匿名希望）

●証言9　ずっと昔のことだが、「ずいや」で遊んだことがある。その女はしわがれ声で、気分のさっぱりしたいい女だった。体格もよく声も大きかった。何でも話す女だったが自分のことはあまり話したがらなかった。ただ一度だけ出身地は坊津だと言ったことがある。そんな近くからも来ているのかと思ったことを覚えている。（匿名希望）

### (5) 聞き取りから分かったこと

九人の人に話を聞くことができた。だが女郎さんたちの声が聞こえてこない。新町の「ずいや」と呼ばれる料理屋兼売春宿は江戸時代にできたようだ。証言によれば官営だったというから堂々と経営していたことだろう。新町には「ずいや」は六軒あったことが分かる。そこに五〇～六〇人の若い女たちが働いていた。出身地は分からない。また、「昼間はお姉さんたちに遊んでもらった」というから、仕事は夕方からが忙しかったのであろう。夜は飲食の接客と男たちの性の相手もしなければならなかった。一回二時間ということであれば一日数人の客の相手を強いられたことであろう。しかも常に病気と妊娠におびえながらではなかったろうか。

「若い女たちばかりだった」「女郎さんが死んだという話は聞いたことがない」という証言から入れ替わりが激しかったのか、又は「消耗が激しくて」長く続けられなかったのか分からない。晴れて故郷に帰った人もいたかもしれないし、次のところへ移動して同じような仕事を続けた人もいたかもしれない。

死んだとしても人知れず葬られたのかもしれない。金山の十数人の女郎さんであれだけの墓があるところをみると、五、六〇人いたということで死人がなかったとは思えない。もし死んでいれば台場のさざ波のよせる墓地のはずれあたりにそっと葬られたのではなかっただろうか。ルース台風の後、家族のあるものは「このあたりに家の墓があったからこれが遺骨だろう」と言って拾ったというから、女郎さんたちの骨は誰に拾われることもなく、そのままそこに放置され、今ではもう探しようがないのではないのか。

また、「ずいやは二〇軒くらいあった」という話は多分新町のそれよりずっと後の、街中の民営のものも含んでのことではないのか。「笠沙、宮崎、坊津」から来ていたのもそれと思われる。梅毒にかかった人、梅毒で死んだ人がいたという話もあった。その人の出身は分からないが、遺体を故郷へ運ぶより、この地に埋葬したと考える方が妥当ではないか。また死んで故郷に連絡が取れたとしても家族の側が受け入れに難色を示したであろうことも想像される。となれば、身請けされて結婚し子どももできて枕崎市内で生活した二人の女性は幸せであったと思いたいが、事あるごとに「女郎上がりの女」という陰口をいわれ、白い目でみられるのは、ずっとついて回ったのではないだろうか。

生きていても死んでからも浮かばれない苦しい人生だったように思われてならない。

## 5　東雲のストライキ

娼婦としての女郎のあり様は、農山村の貧困な村から娘をだまし連れだす「女衒《ぜげん》」、「処女の貞操を弄ぶことを誇りとし、そのために大金を投ずることを厭わない」金持ちによる処女買いの「水揚げ」など、さらには、文明開化を謳う明治になっても女郎の待遇は改善されることなく捨て置かれた実態を金一勉が詳細に記していている（金 一九八〇）。この意味で、性病や妊娠や中絶の危険と背中合わせの性的犠牲者といえよう。

他方、性的犠牲者といった受動的な客体としてのみ総称してしまうこととずれがある出来事が、お隣の熊本県熊本市の二本木遊郭にあった東雲楼の女郎たちのストライキであり、歴史に残る出来事（全国的にはやった唄「東雲節」の起源とも言われている）とされている。もちろん、店主によるあくどい搾取、前借金の形で賃金が先に親に渡されているなど、いつまでたっても借金地獄から抜けだせず、あげくの果てには妊娠や中絶や性病におかされるなど、その苦しみははかり知れない。

東雲楼のストライキについては、小野友道（二〇一四a・b）に登場する。副題にいずれも「東雲のストライキ」とあり、一九〇〇（明治三三）年二月以降に娼婦によるストライキがあったとしている。背景には救世軍の支援活動、廃娼願いが全国的に起きたことをあげている（小野二〇一四a：一〇四）。直接の原因はタバコの値上げ（娼婦はキセルに火をつけ男を誘い、男が受け取ると今晩客になるとの意思表示だったと説明されているので、タバコは必需品であったことがわかる）だったとある（小野二〇一四b：一〇五）。大宅壮一も、東雲のストライキについて書いている（大宅 一九五一）。

村田喜代子の小説『ゆうじょこう』の舞台は、この実在した大邸宅のような妓楼、東雲楼であり、物語は遊女のストライキの場面で結ばれている。村田の作品の時代背景は史実に基づいたものであるが、文学的想像力によって「ゆうじょ」の日常が詳細に記述されている。この小説の主人公は南の島から売られてきた一五歳のイチとよばれる娘だが、遊女の学校「女紅場」に通い出し、読み書きを覚えることから、彼女の世界がかわり出す。苦界での強いられた性交に縛られる日々、そして、ストライキを起こして脱出する。

# 第7章　枕崎市の生活困窮母子家庭問題

山﨑　喜久枝

## 1　枕崎の母子家庭

生活が困窮している母親と子どもたちだけの、いわゆる母子家庭の生活はどのようなものだったであろうか。またその救済はどのようになされたのだろうか。

一三歳以下の子がある貧困母子家庭の扶助を目的として一九三七（昭和一二）年に「母子保護法」が公布された（施行は翌年の一月一日）。この法律は、戦後の一九四六（昭和二一）年の「旧生活保護法」の成立により廃止されることになるが、枕崎で「母子保護法」によりどのくらいの母子家庭がどのような内容の扶助を受けたかは、市役所の記録が処分済みで分からない。ただし、「母子保護法」にも「旧生活保護法」にも生活保護の手段として施設の設置が規定されており、本章でとり上げる「母子寮」は、「母子保護法」の施行以来の念願の施設であったと想像される。

## 2　母子寮――枕崎市初の女性市議会議員山本貞子の尽力

母子寮については、『枕崎市誌　下巻』（第一二編第一二章「社会福祉」）によると、戦後間もなくの一九四七（昭和二二）年の初め、並松（枕崎市の地名）に身寄りのない母子世帯を収容するため、「母子寮兼簡易宿泊所」が建設され、一八世帯を収容し、授産所も併設され、ミシン加工・麦稈《ばっかん》加工（麦わらの加工）の仕事が授けられた。建築費は、全額国庫補助であった。翌年には、これら設備を改善し、厚生省の認可も得て「母子寮」として発足した。それから三年後、ルース台風で母子寮は倒壊したので、翌年に、宮前町に再建され一五世帯五〇人が住んだ（枕崎市誌編さん委員会 一九九〇b：二四六・二五七）。現在の市立病院東側あたりのようである。「母子寮兼簡易宿泊所」が建設された年、戦災者・引揚者の「未亡人」のつどいである「あけぼの会」をつくり相愛互助を目標に社会を明るくする運動も始まった。翌年には、立神に藁工品工場を設け、彼女らの授産事業とした（枕崎市誌編さん委員会 一九九〇b：二四五－六）。「未亡人会」とも呼ばれた「あけぼの会」の活動内容の詳細は、調べた範囲の資料に記述がなく分からない。

母子寮設置から二〇年余り後の一九六九（昭和四四）年、入居者がいなくなったために母子寮は廃止となった（枕崎市誌編さん委員会 一九九〇b：二五七）。

ここで生活した人々の生活ぶりや思いなどは分からない。母子寮の生活改善に、当時市議会議員であった山本貞子の尽力は見逃せない。

山本をよく知る人の話によると「議員になる前からも議員になってからも連夜、女の人たちが家を訪ねてきて何やら長時間相談していた」という。「選挙運動や議員活動がどんなものだったかについても、残念ながら殆んど記憶にない」とのことであった。

枕崎市議会事務局に残る資料を探ってみると、山本貞子は厚生委員・文教委員として活躍していた。議会での質問は「母子寮に寮母を置くよう、また備品も購入するよう」求め、「入寮者の職業斡旋にも配慮を」と強く求めている。それに対し、何れも良好な回答を得ており、母子寮の生活改善が図られたことは容易に想像できる（議会で行われた質問に対して、どのように改善されたのか具体的な資料は見いだせない）。母子寮では戦争や病気・事故などで父親を失った子どもたちとその母親に住むところが与えられ、仕事がある。十分ではないにしても生きる希望にはなったと思われる。

『枕崎市史』には、女性たちに「働いて生きる」ということを強いたという事実と同時に、「自立の道を考えさせた」という画期的な面もあると記されている（枕崎市史編さん委員会一九六九：九七六－七）。

## 3　母子寮への問題意識

戦前の女性たちに「自立して生きる」という教育はなされていなかった。「当時、働いていた女性は産婆と電話交換手と看護婦くらいだった」と言われている。それ以外の女性は結婚して家庭に入り「家」や夫の庇護のもとで生きるしか道はなかった。夫を亡くした場合、妻たちに外で働いて生活費を稼ぎだす力量がどれ程備わっていたであろうか。夫亡き後の妻の生きる道は極めて厳しかったと思われる。

また、女性の教育も、家庭科中心の「女づくり教育」が主であり、教育内容の不備もさることながら、教育年数も少なく、社会で働く力を習得するには不十分といわざるを得ない。「学問もなく、仕事の経験のない女の働き」では収入は厳しかったはずである。

最近でこそ子どもの数は少ないが、以前は一家に四、五人の子どもがいるのはごく一般的であったから、子どもに食べさせるだけでも大変であった。義務教育も大変ななか母子家庭の子どもの上級学校への進学ともなればもう不可能に近かったと思われる。

母子寮の歴史二二年の間、ここでどのような生活が営まれていたのだろうか。どんな思いで生活していたのだろうか。ここから何人の子どもたちが巣立っていったのだろうか。

すでに故人となった人が多く、多くの人からの証言は得られなかったが、当時の様子の一端を経験した人に話を聞くことができた。「夫にも子どもたちにも母子寮で生活していたことは話したことがない」ということで匿名を希望された。あまり思いだしたくない記憶、できることなら消してしまいたい記憶であったろうに…遡っていただき感謝している。

記録に残さなければ知る人はどんどん減り、何れ記憶の中から消え、なかったも同然となり歴史からも消えるのではないかと思われる。

## 4 聞き取り――「母子寮での生活」則子さん（仮名）の記憶から

病気がちの父が昭和三二年に他界しました。それまで他人様の家に間借り生活でした。

母は私たち三人の子どもを連れて、母子寮にお世話になることになりました。その時母は三四、五歳だったと思います。だれの紹介でどのようにして寮へ入居できたのか、今となっては何も分かりません。

色々当時のことを思いだそうとしていますが、あまり頭の中には残っていません。

記憶にある母子寮の位置や見取り図は出来ました（図1）。母子寮には昭和四三、四年頃までお世話になっていました。もう、その頃はいくつか、人のいない空き部屋もありました。母は子どもたちのために一生懸命働いていました。仕事は港の揚げ場の雑魚揚げだったり、鶏小屋の掃除だったり、墓石屋での石磨きだったりと色々な仕事に就いていました。朝早く仕事に出かけ、帰りも夜中でしたが、次の朝もまた仕事に行くという生活でした。そんな母の姿を長女の私はよく覚えています。あの姿は今も忘れることができません。私たちをここまで育ててくれた母に感謝するのみです。

若くして夫を亡くし、三人の子育てに苦労したその母も昭和六二年に他界しました。

母子寮での生活を淋しいと感じたことはありませんでした。学校から帰ると弟や妹の世話をしながらご飯を炊き洗濯をし、と少しでも母の手助けになることをしました。ここでは子どもが親の手伝いをすることは当たり前のことでしたから…。

また、母子寮の中には娯楽室もあり、親がいなくても子ども同士で卓球・バドミントンなどをして楽しく過ごしました。毎月、男の子・女の子に漫画の本も取りよせてもらっていました。クリスマスには一般の家でもまだ珍しかったケーキなども出てきました。どういうところから出たのか分かりませんが、大きな小麦粉の袋が何回か支給されました。丁度その時、弟が韮をもらってきており、刻んで入れて焼いたら美味しかったという記憶もあります。

親が仕事のない日は山に薪や小枝を拾いに行き、風呂を共同で沸かして入ったりしました。妹が母と一緒に風呂に入るときの顔はとてもうれしそうでニコニコしていたのをよく覚えています。その妹が「母子寮での生活は白いご飯のイメージがない。芋ご飯ばっかりだった」と話します。私が「お米を買うお金も大変だったのだよ」と話すと、妹は「ほうか…」といいます。

母は親や兄弟姉妹の誰からも協力をもらわなかったし、母の働きだけで生活してきたことを私は知っ

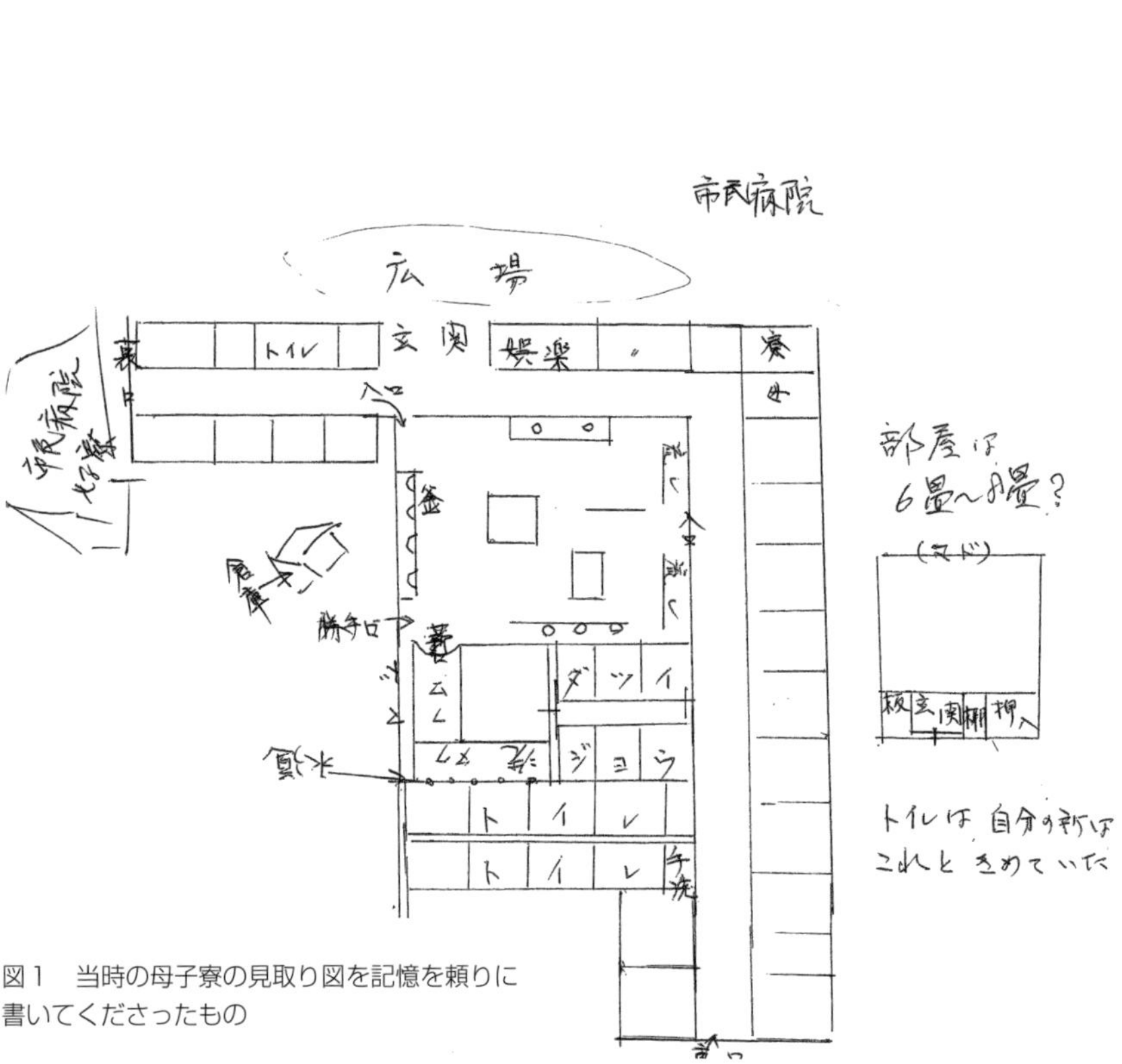


図１　当時の母子寮の見取り図を記憶を頼りに書いてくださったもの

ていましたから、芋ご飯だったと思います。母はいつも弟のことを口にしながら頑張ってきました。男の子が一人だったし、心優しく運動能力も優れていたのですごく期待していました。苦労も苦労と感じなかったようでした。

母子寮での生活、母の苦労もよく考えると、われながら恥ずかしさでいっぱいです。母は紅もささず絣のモンペに雨靴をはき、ゴムの前掛け姿で、いつも港から母子寮まで歩いて通っていました。そんな母のことを年頃の私はいやで反抗ばかりしていました。

## 5　失業対策事業で救われた母子家庭

失業対策事業は必ずしも母子福祉が中心だったわけではないが、「母子の生活」に大きく貢献している。国の失業対策事業は一九四五（昭和二〇）年、当時四〇〇万～六〇〇万人いたと言われる戦災者、引揚者、その他の被災者などの失業者に仕事を与え、生活の確立を目的として始められている。

『枕崎市誌　下巻』によると、一九四九（昭和二四）年に「緊急失業対策法」が公布施行され、枕崎では翌年から失業対策事業が開始され、当初の対象人数は男女合わせて一〇〇人であった。翌年には一九〇人、ルース台風の被災者も加わり失業対策対象者は二五〇人と次第に増えていき、五〇〇人に達したこともある。一〇年後には景気も好転し、その後人数は減少している（枕崎市誌編さん委員会 一九九〇b：二四九－五〇）。

仕事は初め主に公共土木事業であり、肉体労働経験のない「未亡人」たちにはかなり厳しいものであったが、何とか母子が生き延びることができたという。この事業は必ずしも母子福祉を目的とするものではなかったが、夫を失った女性たちが多く働いていたように記憶している。その仕事ぶりはおっとりしたものであったことは周囲の知るところであった。

昭和四〇年代、景気が好転し人手不足を補うために一般の建設会社が「特別失業対策」としてこの「未亡人」たちを採用したことがある。応募者確保のため賃金も上乗せした。建設会社の人の話では「使いものにならなかった。力はないし、仕事はゆっくりだし、すぐ休みたがるし…」と。事業の目的からして、目的に合致した技能や体力もなく無理からぬことであったろうと思う。

とはいうものの、この事業により生活を救われた母子世帯は多かったのである。母子家庭で失業対策事業に出て生活が成り立ったという次節の二人の話は興味深い。

## 6　聞き取り――失業対策事業に関わって

### (1) 好江さん（仮名）の問わず語り

（好江さんは隣町の出身だが、結婚によりこの地に来た）。夫とは再婚同士であった。両親の熱心なすすめで、私は自分の子を両親の養子にして結婚した。両親はたいした人物だと思うが、父は「向こうの四人の子は誰も世話してくれない。お前でなければ誰がするのか。この子を俺たちがみるから行け」といって背中を押した。

来てみるとこちらの、末の子はまだおんぶが必要な状態だった。昔からの由緒ある旧家だということだったが、私が来たときはもう落ちぶれていて収入は不安定だった。その上、夫は病気がちで我がまま、何もしない人だった。身勝手な夫は人からのもらいものは自分だけで一人占めすることが多かった。或るとき刺身をもらった。どうするかと見ていると全部一人占めし、最後の一切れを男の子の皿に乗せてやっただけだった。また、或るときは、子どもたちに一切れずつやって残りは全部自分で食べたが、妻の私にはくれなかった。欲しくはなかったが、人間扱いして欲しかっただけ。

それでも私は家族を食べさせていくためにせっせと畑を耕した。それでも足りないので、女の子たちと一緒に新聞配達をした。

間もなくして夫が死に子どもたちだけが残された。郷に帰ろうともしたが、子どもたちは私にしがみついて、「お母さんが帰るなら私達もついていく」と言って離れなかった。「子どもたちだけ残して戻ったら私は人間じゃない」と思い、何とか踏ん張って一緒に生きていこうと決心した。子どもたちのために働き口を探していると役所の人が「失対がある」から来なさいと教えてくれた。「失対」は失業対策事業のことだった。今までやったことのない土木作業で、毎日へとへとだったが、他のみんなも慣れない人たちばかりだったので仕事はゆっくりで良かったし、休み時間もあまり厳しくなかったから私にも勤まったのだと思う。それでも貧乏に変わりはなかった。実家に帰ると「野菜でも卵でも持てるだけ持って行け」と沢山の土産を持たせてくれたものだった。当時は隣町といっても汽車での行き帰りは一日仕事だった。

私のことは語っても、語っても語りつくすことはできないほどある。

「学校をしていない」から事務もできなかったが、肉体労働もできなかった。これといってできる仕事があるわけでない私に、失業対策事業があったからこそ子どもを四人とも無事に育てられたと感謝している。末っ子は頭が良かったので高校にやりたかったが出来なかった。すまなかったと思っている。

### (2) ユキさん(仮名)の問わず語り

(ユキさんは満州からの引揚者)。夫は満州で軍に取られたまま帰ってこなかった。ある日私たちの村にソ連が攻めてくるという話が伝わり、すぐ逃げるようにといわれ、三人の子どもを連れて着のみ着のまま引き揚げ者の一団に加わった。だが、途中で子どもを一人失った。私が殺したようなもので、思いだしたくない出来事だ…。残った二人の子と共に、命からがら故郷にたどり着いたが、途中、何度死のうとしたことか…。こちらの生活は大変だったが、みんなが貧しい時代だった。兄弟たちの世話で何とか雨露をしのげる小さな小屋みたいな我が家が確保できた。仕事も誰が世話してくれたか覚えていないが、私は失業対策事業に出て働くことになった。毎日仕事場まで一時間歩いていき、疲れ切った体でまたトボトボと歩いて帰る。この毎日の生活に希望がみえなかった。絶望的になる日が多かった。一歩間違えば死を選んでいたかもしれない。満州からの引き揚げの途中、子どもを失ったことがずっと胸の奥にあったのだと思う。

子どもたちは朝早く起きて新聞配達をしながら家計を助けてくれた。二人とも優しい良い子どもたちで学校もよくできて優秀だった。それには私も救われることがあった。上の子は担任の先生からは高校進学を勧められたものの、この収入ではとてもできないと、進学を断念させた。ある裕福な方が「養子に来れば学校に出してやる」といってくれたが迷った末、やはり三人で一緒に生活したくてお断りした。子どもは何も言わず黙って従ってくれた。親としてどうした方が子どもの幸せなのか分からないまま、自分の思いだけで決めて良かったのか…、今も分からない。進学させてやれず親として情けなく何とも残念でやりきれなかったが、どうすることもできなかった。

生活にいっぱい、いっぱいだったが、失業対策事業で受け取る給料はとても有り難かった。子どもが学校を終わるまでは何とか、仕事で自分を使ってもらおうと思ったものだった。仕事をした経験もないのによく使ってもらったものだ。多分、他の職場ではだめだったろう、すぐ辞めさせられていたと思う。その当時、今のような奨学金制度があったのかどうか分からないが、私も知識がなかったし…、誰も教えてくれなかった。私に学問があり、知識があれば子どもたちをもっと違った道に進ませられたかもしれないと思うと悲しくてならない。

子どもたちは高校に進学できないまま社会に出てそれぞれ誠実に一生懸命働いたのだと思う。人から信頼され今は人並みの生活をすることができている。私も今は幸せに暮らしています。

好江さんもユキさんも、結婚生活の途中で夫に先立たれて母子家庭となり、どのように生活したらいいのか途方にくれ、今まで外で働いた経験がなかったため、はじめは「失業対策事業」の仕事に出ることはちゅうちょがあったと思われる。だが、生きるためには何でもしなくてはならなかったための選択だったろう。

どちらも、結婚以外に生きるための手段を身につけていなかったことを悔いている。お二人ともこの仕事を何年していたのか記憶は定かではなかった。とにかく「子どもが学校を出るまでは…」との思いで、必死で働いたというのが共通していた。そして、「失対」があったから何とか生活して来られた、有り難いことだったということであった。

（山﨑記）

# 第8章　枕崎市女性市議会議員——女性と政治

山﨑 喜久枝（2～7）／佐々木 陽子（1、8）

## 1　女子の教育

文部省設置の翌年の一八七二（明治五）年、近代日本の学校教育制度を体系的に定めた「学制」（太政官布告第二一四号）が発布され、制度として初めて女子にも学問の機会が与えられることとなる。「学制」のいわば前文に当たる部分で学校教育制度の基本精神を次のように示している。「学問を士人以上のこととしていた旧来の慣行を改め、邑に不学の戸なく家に不学の人なきを期すため、以後、華士族農工商及び婦女子の別なく学に就くべきである」。

「学制」では、「教育の初級にして人民一般が必ず学ばなければならない」とする小学校として、尋常小学（正則小学校）のほかに、貧人小学（自活の困難な子弟のために篤志家の寄付をもって運営する）、村落小学（僻遠の村落農民のために簡略化した教則で教え原則として夜学を設ける）、女児小学（尋常小学教科の外に女子の手芸を教え、尋常小学のような年齢制限を設けない）などの各種小学校の規定を設けている。尋常小学は上下二等に分かれ、下等小学は六歳から九歳までに、上等小学は一〇歳から一三歳までに男女ともに必ず卒業すべきものとされた。

小学教育の理想がこの尋常小学にあったことは、「学制」に尋常小学で教える教科を細かく示し、「学制」発布から間もなくして、それら教科や進級等の模範例である「小学教則」が出されたことからもうかがえる。しかし、「学制」の強制力は弱く、また、理想と現実との隔たりや地域差も大きいため、文部省の構想通りには進まなかった。文部省もそれを予期してか、「学制」の規定に、「上記のような尋常小学を原則とするが、事情によっては尋常小学の教科の順序を踏まえないで小学の教科を授ける変則小学も認める」との規定を設けている。鹿児島県では、『鹿児島県教育史』によると、「「学制」頒布に基づき、県では既設の郷校をもって変則小学校に充当し、徐々に正則小学校に移行する方針がとられた」（鹿児島県教育委員会 一九六一：二四三）とある。

ところで、「学制」に規定されている女児小学（これも変則小学の一つとされている）がどのような規模で展開され、女子教育にどのような意義を持ったかについては興味深いテーマであるが、鹿児島県で女児小学が展開された例を管見の限り見いだせないため、本書では触れない。他県の例については高野俊の『明治初期女児小学の研究』（二〇〇二）に詳しい。

これら変則小学校は、一八七九（明治一二）年の「教育令」（太政官布告第四〇号）で「学制」が廃止されたことにより法制度からは姿を消すことになる。そして、「学制」で示された尋常小学の理想も「教育令」でいったんは遠のくものの、徐々に制度が整備されていく。

「教育令」では、小学校は「学制」と同じく教育年限を原則として八年とするものの、少なくとも一六ヵ月通学すればよいことになった。そして、女子教育との関係では、裁縫等の教科が必須科目となった。「教育令」公布の翌年の一八八〇（明治一三）年に公布された「改正教育令」（太政官布告第五九号）では、教育年限は原則八年である点に変わりはないが、就学義務を最低一六ヶ月から最短三年間に引き上げた。そして、小学校設置についての国の統制を強めた。

小学教育の一つの転換点となったのが、一八八六（明治一九）年の「小学校令」（勅令第一四号）である。そこでは、学齢児童に普通教育を受けさせるのは父母等の義務と定められた。そして、小学校を尋常と高等の二等に分け、尋常小学校を卒業するまでを義務教育期間（三〜四年）とした。さらに、一九〇〇（明治三三）年の「改正小学校令」（勅令第三四四号＝第三次小学校令）では、義務教育四年（尋常小学校を卒業するまで）とし、さらに、「市町村立尋常小学校に於いては授業料を徴収することを得ず」と定めた。義務教育の無償化の実現である。

## 2　枕崎での女子教育

以下、枕崎の小学校の女子教育について、主に枕崎市史編さん委員会『枕崎市史』（第八編「教育・文化」の第一章『学校教育』第一節から第四節）に依拠して概観する（枕崎市史編さん委員会 一九六九：一〇二八‐五七）。（文中の地名とその位置は第1章の図2を参照）。

### (1) 授業料をとっての義務教育開始

全ての子どもは学校に行くものと決まった。しかし、「学制」が発布されてもなお女の子には教育のチャンスがなかった。

枕崎では、桜山の郷校が変則小学校として開校されたものの、「実際には平民の子弟の入学はほとんどなかった」（枕崎市史編さん委員会 一九六九：一〇三五）

女の子は水汲みや子守り・炊事など家事のしつけが教育の中心であったため、学問の機会は皆無に等しかったと思われる。昭和五〇年代でも文字の読めない年配の女性は多く、「学校には行かなかった」という言葉もしばしば聞いた。

尋常小学校の卒業までが義務教育とされた一八八六（明治一九）年、枕崎では尋常小学校の授業料が月五銭、高等小学校が一〇銭となった（枕崎市史編さん委員会 一九六九：一〇三八）。

当時の五銭は現在のお金に換算すると一〇〇〇円相当であるようだ。ようやく生活が成り立つ庶民にとって、子ども五、六人がざらだった時代に一人に五銭ずつの授業料は厳しいものだったに違いない。それは授業料が要らなくなった一九〇〇（明治三三）年からは女子の就学率も格段に上がり、九〇%を超えることからも容易に想像できる。

義務教育とはいえ、どれくらいの女の子が学校に通うことができたであろうか。就学の登録はしても、授業料の支払いは男の子が優先されたうえ、女の子は家の手伝いや子守りなどで休みが多かったという。「女の子は役に立つからと家の手伝いが多かった」ので、「学校に行きたいなんて言い出せなかった」ということである。

## (2) 男子と女子の教育格差

一八九〇（明治二三）年の「改正小学校令」（第二次小学校令）で高等小学校の修業年限を二～四年としたため、枕崎では高等科を男子四年、女子二年と定めた（枕崎市史編さん委員会一九六九：一〇三八）。なぜか女の子の修業年限は男の子の半分の年数に定めている。

女子の修業年限が男子と同じ四年間になるには、それからさらに七年の月日を要している（枕崎市史編さ

ん委員会 一九六九：一〇三八)。

一八九〇（明治二三）年、枕崎の尋常科就学児童数は女子四九人（男子四四五人）である（枕崎市史編さん委員会 一九六九：一〇四三)。

「義務教育」とは言いながら、男女間に大きな隔たりがある。

特に別府小学校では、「就学奨励そのよろしきを得て生徒数大いに増加したり。（中略）かつて女生徒のあらざりしも二名の女生徒を見るに至りたるをもってその一端を知るに足らん」（枕崎市史編さん委員会 一九六九：一〇四三）と、事務官が喜んで報告している。

一八九一（明治二四）年、金山に桜山小学校の分校が設立された。この分校に初めて一二人の女生徒が入学し（男子は四五人)、「女子の就学はこのときをもって始まりとす」とある（枕崎市史編さん委員会 一九六九：一〇四三)。

この金山校区では、女の子が学校に通い始めたのはこの年が始まりであるというのだ。この校区では、女の子が小学校に入学できたのは、一八七二（明治五）年に、「男女の別なく学に就き…」と謳われてから実に一八年も経ってからのことである。女の子は、一八年ものあいだ学問することから遠ざけられ、学びの機会が奪われていたのである。

もっとも、金山分校設立までは金山から桜山まで通ったのであるが、履物は下駄や草履で雨具も唐傘しかなく、一里の山道を通学することは子どもたちには大変なことであったろう。分校設立以前に金山から桜山小学校に通ったのは男子二二人だけだったという。分校設立の翌年、桜山小学校から分離独立して金山尋常小学校が創立されたが、創立の年の児童数は三倍の一四〇余人となっている（枕崎市史編さん委員会 一九六九：一〇四三－四)。

立神尋常小学校では少し様子が違ったようである。開校当時（一八九九年桜山小学校から分立）、女子は一四三人（男子五三人）であった（枕崎市史編さん委員会 一九六九：一〇四五）。女子が男子の約三倍と多い。珍しいこの現象はそれまで学校に通ったことのなかった相当年配の女子が大量に入学したためだという。「相当年配」とはどの程度の年齢か分からないが、枕崎市史編さん委員会（一九六九：一〇四五）には数え年一四歳で入学した元女子児童の述懐が載っている。きっと大きな女子一年生が小さな男子児童たちを圧倒し、可愛がったことであろう。

枕崎の子どもの小学校就学率は一八九三（明治二六）年でも女子は一割に過ぎなかった（男子四割）（枕崎市史編さん委員会一九六九：一〇四七）。

ちなみに、この年に文部省から「女子教育に関する件」と称する訓令が出されている。この訓令は、裁縫が女子の生活に最も必要であるから、可能な限り小学校の教科に裁縫を加え、それを教える教員には正当な資格のあるものを充て、それがかなわない場合は臨時の教員でもよいが、採用の際にはその人の性行に深く注意を加えよ、とするものであるが、その中で女子の就学率に触れている。それによると、学齢児童一〇〇人中修学者は五〇人強で、そのうち女子は僅かに一五人に過ぎないとしている。これは全国平均であるから、それに比べると枕崎の就学率はかなり低い水準であることが分かる。

### (3) 授業料無償に

一九〇〇（明治三三）年から義務教育期間は「授業料を徴収しないこと」としたため就学率は一挙に好転し多くの子どもが学校に通い始めている。授業料が要らないから「女の子にも学問をさせよう」ということなのだろうか。

児童の就学率は、一九〇二（明治三五）年には、女子九二％（一七七六人）、男子九五％（一八〇七人）である（枕崎市史編さん委員会一九六九：一〇四七）。

九割以上の子どもが就学しているものの、依然女子の就学率は男子に比べて低い数値を示している。これは女の子が家の労働力として使われていたため、学校に通えなかっただけでなく、「女の子の教育にはお金をかけない」とか、「男の子を優先しそれでも余裕があれば女の子にも教育を」という考えからであろうと思われる。また、はたしてどれほどの女の子が卒業まで至ったであろうか。特に家庭の事情が変われば即座に影響を受け、犠牲になるのは女の子だったと考えられるからである。

就学率が九〇％を超えたものの、女子の八％（男子五％）近くが就学していない。この数値に思いが残る。就学させてもらえなかったのだろうか。病弱だったのだろうか。それとも他に理由があったのだろうか。決して少ない数ではないと思うのだが…。その後、中学校への進学はどのようなものであったかは、今のところ資料が見つからない。昭和時代になってから、高等学校への進学率も、教育委員会に資料としてあるのは一九六七（昭和四二）年からにすぎない。だが、高等学校進学率も、昭和四〇年代末期になると男女ほぼ八割がた進学できる状態になっていった。

### (4) あの頃学んでいたら…

「母親が病弱だったために私は学校に行かず父さんの手伝いをした。よく働いたのでいつもほめられ「お前が男ならどんなによかろうか」といわれた。役に立っていると思うと嬉しかった。その時は学校に行きたいとは思わなかった」（真茅テミさんの話）という。だが、九〇歳の今は高齢者サロンで習字を習い、塾のない日は毎日独りで書き、本を読み、憲法の学習会にも欠かさず参加して学習意欲は旺盛である。学校に行くことよりも、働くことをほめられ、親の役に立っていると分かればそちらの方を優先してしまったのではないだろうか。今の学ぶ姿から推察するに当時も学校に行きたくてたまらなかったであろうことがうかがえる。

テミさんに限らず高齢女性の方々からは「女の子は役に立つ。子守りに水汲み、台所や洗濯と色々できるし、口答えせずに「ハイ」とよくいうことをきくから使いやすかった」という話を聞かされる。よい子といわれれば嬉しいし、更によい子といわれるよう努力する。評判通りのよい子になろうとふるまう。その循環のように思われる。

それに「女に学問は要らない」という考え、男の子には「少しでも学問をさせたい」という思いが働いていたのは確かであろう。法律は変わっても人の意識はなかなかそれに追いついていかないものだということを今も実感している。

枕崎の高齢者サロンで、はじめ「何でもいいから勉強を教えて下さい」という切実な声があった。現在九〇歳を筆頭に熱心に学んでいるが、その後、社会の動きに感じるものがあり内容は「憲法をちゃんと教えて下さい」というふうに変わってきたのである。内容もさりながら、その学ぶ姿勢は敬服に値する。一言一句聞きもらすまいと真剣である。大多数が女性であることを思うと、幼い頃から学ぶ機会が少なく、いかに「学び」に飢えていたかが感じ取れて複雑な思いにさいなまれる。

この方がたが幼い頃から学ぶ機会に恵まれていたら、社会はどんなに進歩していただろうかと想像してしまう。

## (5) 女の高等教育は生意気という偏見

昭和三〇年代半ばになっても「大学に行きたい」というと、「女の子は婚期が遅れるし、女が大学に行くと生意気な口をきく。結婚相手もいなくなる」と言って反対されたものだ。一番の理由は経済的なものだったと思うのだが、人の一生を左右するような理由を挙げて反対されたものだった。

「結婚はしない、遺産も要らない、大学さえ出してくれたら一人で生きていく、何の援助も要らない」と宣言してようやく筆者は大学行きを獲得したものだ。

あの頃、人格の面でも頭脳の面でも素晴らしい女の人はたくさんいた。経済が許され、女に学問は不要などという意識が払拭されていたら、女子の学ぶ機会も恵まれていたであろう。多くの女の子が高校・大学と進み希望を実現していたら今よりももっと豊かで生きやすい社会を築いてくれていたに違いないと思われてならない。

## 3　女性市議第一号　山本貞子議員

### ⑴ 議員山本貞子の誕生

枕崎市議会に女性議員が初めて誕生したのは一九五五年（昭和三〇）のことであり、女性に参政権が認められて八年後のことである。その名は山本貞子、当時四七歳であった。この時代、男性社会といわれた政治の世界に女性がとび込むには相当の勇気と覚悟が要ったであろうことは想像に難くない。多くの女性たちの期待を一身に集めていたようで五二二票を得て、定員三〇人の中で五位当選を果たしている。

山本貞子を身近で見てよく知っているという人に話を聞くことができた。匿名を希望され、言葉数は少ないながらも、詳細な話を聞くことができた。貞子は「議員になる前からも議員になってからも連夜、女の人が貞子宅を訪問し、何やら相談をしていたようだった。私は若くてあまり関心はなかったが、熱心に長時間その人の話を聞いていたようだった」という。

さらに、次のように続けて話してくださった。「貞子は敗戦後、裸一貫で満州から引き揚げてきて、大変な思いをしながらの生活だったので「助け合っていく」「お世話をさせていただく」という気持ちだったと思う。「人の世話をした、してあげた」という思いはなかったはずである。人間としてお互い苦しい立場は分かるので、みんなで協力して生きていこうとしただけであり、当時はそういう思いの人が多かったように思う。貞子だけが特別だったわけではないのではないか」とも話された。

戦争の悲惨さ、怖さ、苦しさは身をもって知っており、その犠牲は女性や子どもに向かうことも知っているだけに「戦争さえなければ…」という思いが人一倍強かったという。「いろいろな人たちに助けてもらいながら、思いを貫く議員活動ができたと思う」とも話された。

そして、「現在は世相が変な方へ向いているようだが、私は戦争の怖さを経験しているだけにとても心配している。戦争だけはしないように強く願っている」と結ばれた。

### (2) 山本貞子の議会活動

枕崎市議会事務局に残る資料（市議会報四七号～五〇号）によると、山本貞子は厚生委員・文教委員として活躍している。上記の資料に依拠して彼女の議会に於ける質問内容を取り上げる。

まず、「母子寮に寮母を置くよう、また備品も購入するよう」求めているし、「入寮者の職業斡旋にも配慮を」と強く求めている。それに対し、当局からは何れも良好な回答を得、それが実現している。さらに、都市計画事業の進捗状況については、「木製の橋梁改修や、公衆便所の適正な処置」を求め、徴税に際しても「特権階級を優遇することなく、正しい信念で臨むように」と求めている。まことに、議員にふさわしい、公正でまっすぐな性格の人だったようである。最後となった質問は、母性保護と家庭の経済的合理化のため「家族計画の普及を図るよう」求めたものだった。また生活保護世帯や失業者の増加もあり、「子どもに十分な教育と栄養を保障するために予算化」を求め、今後は保健所を活用することも提案している。

女性や子ども、とりわけ恵まれない立場の者への温かい眼差しが感じられる。政治のなすべきことをよく分かっていた人だったと言えよう。毅然として質問に立つ姿が見えるようである。戦後間もないころで、人々の意識はまだまだ低く、「女が政治なんてできるものか」と陰に陽にささやかれた時代である。貞子は女性議員としてひとり敢然と活動に専念しているし、その成果も上げている。

貞子は広島県出身。枕崎青年学校教員として来枕。その後、夫と共に満州へ赴く。引き揚げ後は枕崎高校講師、母子寮長、婦人会長などを歴任している。

ようやく軌道に乗ったかに見えた議員活動も、残念ながら一九五六（昭和三一）年一一月二五日、志半ばの四八歳、脳溢血でこの世を去っている。議員活動は約一年半だった。厚生委員として、特に母子福祉関係で「今後の活躍が期待されていただけに惜しまれてならない」と市議会報にもある。元気で活躍出来たなら……と悔やまれる。

一番残念なのは山本貞子本人だったであろう。

## 4　枕崎市に四人の女性議員の誕生——四人への聞き取りを含め

### (1) 枕崎市の女性市議の歴史

一、山本貞子　一九五五（昭和三〇）年～一九五六（昭和三一）年一一月二五日までの一年半

（三五年間、女性市議の空白期間）
↓
二、上釜いほ　一九九一（平成三）年〜二〇一〇（平成二二）年まで、五期二〇年
↓
三、豊留栄子　二〇〇三（平成一五）年〜（現在四期目、継続中）
四、米倉輝子　二〇〇三（平成一五）年〜二〇一〇（平成二二）年まで、二期八年
五、村上ミエ　二〇〇七（平成一九）年〜二〇一〇（平成二二）年まで、一期四年

二〇〇七（平成一九）年には、定数一八人中四人の女性議員が在籍した。その背景として、一九九九（平成一一）年に男女共同参画社会基本法が成立し、枕崎市男女共同参画推進懇話会も発足、さらに、二〇〇一（平成一三）年には女性模擬議会（全三回）が行われるなど、女性が政治に参加する機運が高まったからではないかと考えられる。

### (2) 上釜いほ議員

山本貞子の死去から三五年、長い空白ののち、ようやく上釜いほが女性議員として枕崎市議会に登場する。一九九一（平成三）年、議員定員二四人中五位当選、得票八八二。女性議員の誕生を待ちに待った人々にとっての待ち焦がれた瞬間であった。それも五期二〇年にわたる着実な活動を行った。最後は副議長まで務め上げており、枕崎の女性議員として誇り高き存在でもあった。

上釜いほの活躍もめざましく、質問できる回数いっぱい登壇しては、女性やこどもの幸せ、教育などを見据えた質問や意見、提案を重ねている。

### (3) 豊留栄子議員、米倉輝子議員、村上ミエ議員

二〇〇三（平成一五）年には枕崎市の女性議員は上釜いほに加え、豊留栄子、米倉輝子が議員となり、議員定数二二人中三人となる。

二〇〇七（平成一九）年には、上記三人に村上ミエが加わり、議員定数一八人中四人の女性議員が誕生している。鹿児島県内では鹿児島市以外に類を見ない女性の多さで、四議員とも市民の、特に女性の声を広く吸い上げ、活発に活動し、鋭い質問を数多くこなし大活躍している。

### (4) 四名の女性議員への質問

そこで、この四人の女性議員に次のような質問を試みたところ、以下のような回答をいただいた。

①議員を目指した目的。どんなことを実現したくて議員を目指したのか。
②女性が議員に立候補するにあたり夫や親戚、地域、友人・知人の反応はどうだったか。
③議員活動をしているなかで、女性だからということで違和感を覚えることはないか。
④今後はどのような活動をしたいか。何を実現したいか、具体策は。

◆上釜いほ議員

①女性の地位向上を目指して立候補。今の男性中心の金や、しがらみ社会に不満だった。
②幸い夫が議員だったので議員としてのノウハウ、心得など教えてくれ、夫の議員仲間が助けてくれた。夫も周囲もみんな応援してくれた。
③現在（二〇一〇年）、五期目で副議長。私の場合は女性の先輩がいなかったのでモデルがなかった。初

登院のとき開口一番「おなごの議員は飾りじゃなかたっど」と言われた。男女共同参画では女性議員もバラバラでまとまらない。議会の休憩時間にはみんなのお茶を入れることもします。女性議員だからということでのつらさはあまりない。

④今後は、男女分け隔てなく生活できる住みやすい社会の実現にむけて活動する。具体的には福祉と教育を中心にしていく。質問では毎回、教育を入れている。

◆豊留栄子議員

①今まで女性が虐げられてきた点を何とかしたかった。特に男女同一労働、同一賃金の実現を目指した。また、男女平等の実現、貧富の差をなくすために議員になった。

②立候補するとき夫は応援してくれたし、今もよく手伝ってくれる。地域や知人友人も親戚も応援してくれたし、今も応援してくれる。引っ込み思案の私が出たので、周囲のみんなはびっくりしながら支えてくれている。

③「女性だから話しやすい、聞いて欲しい」という声が大きいのでやりがいがある。議員のなかでも同党の先輩議員が大きな力を持っているので、守られていて「先輩の七光」は偉大だと感じている。女性だからという違和感はない。

④今後は、合併しなかった枕崎が自力でいけるよう頑張りたい。このくらいがみんなの顔が見えて丁度いい範囲だ。合併せずに済むよう努力したい。

◆米倉輝子議員

①資源活用等の環境問題に取り組みたかったこと、情報公開をしたかったことが議員立候補のきっかけ。政治問題に関心があり夫とよく議論していた。特に情報は決定してから市民が分かるという状態だっ

たから不満だった。

②舅も夫も看取った後、自分で決意したが、親族はみんな反対。地元の人間ではない、組織もない、血縁もないから当選はしないから…と。幸い夫の親族から見放されたので自由の身になれた。長男が「好きなように生きれば…」といってくれたので立候補した。

③女だから議員活動しにくいというのは山ほどある。「あの女は無知だ」とか、個人演説会の二時間前に「会場は貸せない」といわれたり、質問カットは私だけだったり、夫が生きていたらこんなことはいわれないはず。まだまだある。

④今後もさらに、税金が私たちのために使われているか、情報公開をしていきたい。その結果、市民の皆様が署名運動に一生懸命、力を注がれ学校給食センターを枕崎単独でつくることに成功いたしました。枕崎にも宝物はいっぱいあります。これからも皆様と共に手を携えて住みたい町、また行きたい町をめざして頑張りたい!

## ◆村上ミエ議員

①男女共同参画社会の実現をめざして立候補した。

②立候補するときはまず反対だった夫の同意を得る努力を重ね、集落の同意を得るために、夫を伴って三集落の長老宅を訪問した。近所の女性からは「おなごは奥で料理をして、男が外に出て働くのを助けるのが役目よ」などといわれたが黙って耐えた。集落の総会に諮ってもらい同意を得、晴れて「立候補者」になれた。選挙期間中、毎朝必ず門前にガラスの破片がばらまかれていて掃除をしなければ第一声が出せなかった。悔しくて、悲しくてやめようかと思ったこともある。

当選して、どの会派に属するかは長老たちに聞いて決めた。自分の自由には出来ないとわかった。

男性の場合もこんなに大変なのだろうか。

③議員になったら、まず「女は末席に座れ」「女は愛想良くして酌をして回れ」「女は後ろに下がっているほうが先輩には好まれるよ」などといわれた。今では「なぜ、どうして」といえるようになった。最近私の料理が入賞し写真が出た。「顔が美しい、修正してあるのか」というようなことばかり話題になった。そこで、「顔ばかり話題にし、本来の料理が話題にならないようでは、「議員としての資質が問われると思うよ」」といったら、みんなシーンとなった。こんなふうに少しずつ周囲を変える努力をしている。

④今後も、女性が参画しての意識変革をしたい。そのためには何といっても自分がしっかり学習しなければないけないと自覚している。

二〇一一（平成二三）年、女性議員は定数一六人中一人になってしまった。残念極まりないことだ。

## 5　女性議員への道、けわし！

「もっと枕崎を活性化させたい」と議員を目指そうとする女性もいる。確固たる信念があり、活動家でもあり熱い心をもっているのだが、結局は断念することになる。

たとえば、集落まわり番で候補者を立てるという集落同士の取り決めがあり、そのため集落の意に反することをよしとしない家族、特に夫に縁切りさえも持ち出されたりして猛反発にあったりするからである。

女性、特に有夫の女性が議員に立候補したいと手を挙げたとき、その行く手を阻むものは多い。最近でこそ「女だから」という直接的な言葉は少なくなったものの、心の奥にはそれがあると感じられる。

最初の難関は一番身近な協力者のはずの夫。お互いの幸せのために支えあうはずではなかったのか。逆の場合、妻は無言で支えるのが当然で、それが良き妻といわれるようだが。

それに周囲の男性や女性、さらに見えない身近な何者かが陰に陽に見え隠れして悩ませる。夫のいい分は、「世間体、わが身のかわいさ、周囲の暗黙の了解事項に対する絶対的忠誠」。この禁を破れば、妻の頭一つ押えられないダメ男と思われ、困るということらしい。周囲の男性の言い分は、「女は男に従うべき、夫に従うべき、家事をきちんとするべき」。周囲の女性は「女は家にいて男の下支えをするもの」という固定観念の人と、「女も外に出て活躍して欲しい」という人と二分されている。見えない敵の言い分は、「集落の代表は男、女は少し下がっているほうがいい」というようなことにまとめられよう。女性は女性であるというだけで自分の人生が自分で決められないという現実をみる思いがする。

## 6　女性の方が高い投票率

枕崎市の過去の選挙の投票率をみると身近な市長選挙・市議会議員選挙などは高く、国政選挙などでは低い傾向があった。

枕崎市全体の投票率は過去、県下でも低い方であり、特に国政選挙では鹿児島市に次いで二番目に低いこともあった。ところが、過去数十年の統計では女性が常に男性よりも高い投票率を示している。女性の選挙に対する関心の高さの表れといえよう（表1）。しかし、

表1　最近の市議会議員選挙投票率性別比較――枕崎市・鹿児島市

| | 女性投票率 | 男性投票率 | 投票率総計 |
|---|---|---|---|
| 枕崎市議会議員選挙（平成27年4月26日） | 65.27% | 62.71% | 64.12% |
| 鹿児島市議会議員選挙（平成28年4月17日） | 42.52% | 42.01% | 42.29% |

出典：枕崎市については、「平成27年4月26日　枕崎市議会議員選挙」、鹿児島市については、「平成28年4月17日　鹿児島市議会議員選挙」より作成。

女性の政治に対する関心の高さも、先に述べたようなしがらみの中で、女性議員の誕生には結びついていかないように思われる。

## 7 婦人会活動――枕崎の場合

婦人会の強制加入などは『枕崎市史』「第八編教育・文化第二章第三節婦人会」(一九六九:一一一五)や視覚資料として山之内国助(一九八二)に依拠して概観する。

### (1) 枕崎初の「桜山婦人会」

枕崎でいち早く婦人会が発足したのは桜山婦人会であった。一九〇〇(明治三三)年のことである。当時は「矯風会」と呼んでいた。桜山婦人会は、発足当初、加入者も少なく自主性にも乏しかったというが、日露戦争が起こると「出征兵士に後顧の憂いなく戦に赴くことができるように」と活動が「活発」になっていった。一九二三(大正一二)年撮影の「桜山校区婦人会幹部」の写真をみると、「人物は六人で、そのうち女性は今給黎母堂一人だけである」とあり、さらに「会長を引き受ける婦人が無く、結局男性にお鉢がまわってきた。男性依存の気風がまだ残っていたのである」と説明が添えられている(写真1)。

だが、男性依存だけとは思えない。女性がリーダーを務める姿を目にする機会が少なく、時代も追い付いていなかっただけで、女性にその力量がなかったとは断言できないであろう。

ちなみに、服装や背景、発足などからみて同時期の撮影と思われる「金山校区婦人会幹部」の写真は女性のみ一二人である。こちらに男性は一人もいない。男性に依存しない婦人会もあったようである(写真2)。

## (2) 枕崎の強制加入の婦人会

桜山婦人会発足の次の年には、枕崎・立神・金山などの校区にも婦人会ができ、地区内の一六歳から五〇歳までの婦人全員を会員としている。いわゆる強制加入だった。やはり、その目的も「婦徳を涵養し、良い家庭をつくり、風俗を矯正し、社会を浄化し産業の振興を図ること」だったようである。そして、「婦人会は強い結束力をもって成果の向上に努めた」と記録にある。

写真１　桜山校区婦人会幹部６名　婦人会ができても会長を務める女性がおらず、男性に依存。幹部も６人中５人が男性。写真は1923（大正12）年の撮影とある（山之内 1982: 42）。

写真２　金山校区婦人会幹部
年代が記されておらず撮影年は不明。「つつましやかな風情、ハンカチで膝の上の手を隠すなどのしぐさは長い間の家訓によって育てられたものであろうか」と記されている（山之内 1982: 42）。

最初から謳われている「婦徳を涵養し」とはいったい何のことであろうか。三省堂国語辞典第三版によると、婦徳とは「婦人が、男性やおっとに対して守らなければならない徳。柔順（ジュウジュン）・貞淑（テイシュク）など」であり、広辞苑によれば、涵養とは「自然に水がしみこむように徐々に養い育てること」とある。婦人会の目的は「女性が男性に対し守るべき従順や貞淑などを着実に養い育てること」だったようである。女性自身がそうすることを望んだ面もあろうが、男性の願望であり、国の方針だったように思われる。

婦人会の活動が活発になったのは銃後の守りという役割が大きかった。それゆえ、女が反対すれば戦争はできない。「婦人会の結成と強制加入」という仕組みづくりは、取りこみやすいところから始める有効な手段だったと考えられる。「婦人会は入らなくてはならないものだったから…」（真茅テミさんの話）という。「決まりだ」といわれれば従うほかなかったという姿勢は、戦前の「従順で素直」な女の子づくり教育の「女子教育」がここでしっかりと生きているのだと理解できる。また「婦徳」はあっても「男性が妻や女性に対して守らなければならない徳」、つまり「夫徳」とか「男徳」いう言葉は聞いたことがない。女が守らなければならないものはあっても、男が女に対して守らなければならないものはなかったようである。現代の女の子なら必ず「何で？」と聞くだろう。答えられる人がいるだろうか。不思議な話だと思うのだが、明治憲法のもと、家父長制の時代のことであり「女に生れたらはそんなもの、しかたない」とあきらめていたのかもしれない。

### (3) 戦後、変わる婦人会活動

一九四五（昭和二〇）年の敗戦を境にマッカーサーの五大改革が始まる。その第一に掲げたのが「参政権と婦人解放」である。女性を差別してきたこと、女性の生き方を縛ってきたことが非民主的な日本を造り、あげくには戦争に結びついたとのアメリカの日本研究結果から「男女平等」と「女性も生き方は自由に」という指令がおりる。

敗戦後も婦人会は活発に活動した。活動内容は戦後の困難な生活からの生活改善に重きが置かれた。私は、女性の活動拠点づくりに奔走した婦人会の姿を目の当たりにしてきた。台所改善や食生活改善、料理講習会、食品の一括購入、廉価販売している姿である。戦後の婦人会はおおむね「女性の教養・研修・娯楽・向上・社会的奉仕など」を目的として改組され、加入も形式上は自由とされたようであるが、実質は高度経済成長期の頃までほぼ全員加入に等しかった。女性も外で働くようになったり、専業主婦であっても介護負担が大きかったりと女性の生活も多様化し、役員の引き受け手がいなくなり、会合への出会者も年々減少していった。

徐々に活動は衰退したが、自主性・民主性に富む婦人会として再起しているところもある。その活動の素晴らしい点は生活の改善運動や経済的な物品購入の努力などから、栄養食の講習会・読書会・研修旅行、ボランティア活動などと多岐にわたり戦前とはうって変わった平和的な活動である。

### (4)「婦人会」解消へ

婦人会の発展が阻まれたのは、「行政の下請け団体としての位置づけが強くなったこと」と「地域ボス婦人の集まりに嫌気がさした」人たちがいたことも要因といわれている。

私の記憶する婦人会に対する母の思いは必ずしも愉快なものではないことが多かった。先ずはあたかも全員の強制加入のごとき口ぶり。「会員かどうか分からないが一回も参加しない人は何人かいた」と参加しなかった人をうらやましそうにいったことがある。また、会長に命令される下請け作業のような活動に対する差別感。そして、何よりも役員の決め方への抵抗感が大きかったようである。

ある地域で聞いた話では、「年一回の役員選出の日は大変だった。役員はできないというのに票が入れば絶対で、もう泣いたりわめいたりの大騒ぎだった。学もないし、人前に出たこともないし、できもしないのに…。誰が入れたか」と疑心暗鬼にもなり、人間関係がぎくしゃくすることもあった」（真茅テミさんの話）ということであった。そして、つっと立ちあがって「私は婦人会を辞める！」と叫ぶ人が出てきたという。それが徐々に多くなり、受け入れられ、集落全員が脱退する方向へと向かったのではなかったろうか。

戦後の民主的な考え方、個人尊重の意識、そんなこんなのもめ事も加わって少しずつはっきりものをいう人々が現れ、それはあっという間に広まっていった。「あそこの地区の婦人会は解散したそうだ」と聞くと、「それでいいのなら私も辞めたい」ということであちこちの婦人会が無くなっていったという。

### (5) 集落「婦人会」

多くの婦人会が解消して数十年、「集落婦人会」が起ちあがったところがある。宝寿庵集落もその一つである。公民館長の要請だという。「女性の教養・研修・娯楽・向上・社会的奉仕など」目的は婦人会解消前と同じのようである。集落予算の中から婦人会活動への補助金もあり、読書会をしたり、研修旅行に出かけたりと少人数ながら楽しく活発に活動しているという。奉仕活動としては集落行事や関連行事の際の買い出し、茶沸かし、おにぎり作り、後片づけなど接待が主であるとのこと。他の集落でも立ち上がっているようだが、お互いの交流がないのでどのようなことをしているのか分からない（鹿島博子さんの話）。「女性役割の必要性」もあったのであろう。集落行事には欠かせない貴重な存在でもある。

### (6)「婦人会」から「女性会」へ

最近は「婦人」という言葉に違和感があるようになった。行政もみんな「女性」という言葉に変わった。「女」に対しては「男」という対の言葉があるのに、「婦人」という言葉に対する男性をあらわす対の言葉が無いことや、「婦」の文字が「女と箒」の組み合わせであり、女性役割の固定観念につながるという女性団体からの反発もあってのことである。

一九八五（昭和六〇）年に日本も批准した「女性差別撤廃条約」に由来するもので、国際約束したことである。女だからといってみんなが家事や育児、介護などが得意なわけではないし、したいわけでもない。男の人でも家事や育児の得意な人はいる。「女だから」とか「男だから」などと一くくりにせず、自分の個性や能力に合った生き方ができるようにするための一歩として動き出したものである。

その時、大方の「婦人団体」が「女性団体」に名称を変更した。そうして、社会全体で意識も変え「頭の切り替え」をするという取り組みがなされたのである。

## 8　地方議会における女性議員の比率

鹿児島県内市町村議会の総議員数に占める女性議員は、二〇一五（平成二七）年のデータによると、全体として六・三%、県内市議会だと八・〇%、県内町村議会だと三・八%となっている。全国平均では市（区）が一三・六%、町村が八・七%なので、平均値よりかなり低い。新聞報道によると「鹿児島県の女性議員を一〇〇人にする会」が再結成されるなどの動きがあるものの、二〇一五（平成二七）年一一月現在、市町村議会女性議員は五四人で全体の七・一%にすぎず、四七都道府県中四一位とある（『南日本新聞』

二〇一五・一二・二六)。

新聞記事では、女性議員の比率を問題にするどころか、女性議員が一人でもいるかどうかが問題として報じられたりする。『毎日新聞』によると、大阪・神奈川・東京が九〇％近くの議会で女性議員がいるが、九州では一人でも女性議員のいる市町村議会が、福岡が六四・九％で最高、全国で一二位である。九州内で最低が熊本で女性議員のいる自治体が二七・七％しかなかった。熊本県は四七都道府県中四六位であった(『毎日新聞』一九九九・七・二八夕刊・中部版)。一九九九(平成一一)年段階で熊本の市町村では、七三％近い市町村議会で女性議員が一人もいなかったということになる。

図1に見られるように、神奈川県大磯町の町議会議員に占める女性比率は五〇％、東京都清瀬市の市議会議員に占める女性比率四五％、これらの数値は、九州の県庁所在地と比べても群を抜く高さである。女性議員の比率が四〇％を超えている市町村の議会事務局などにお尋ねしたところ、特別な策を練って女性議員を増やしているわけではない、とそろって回答された。だが、問い合わせに対する回答で示された以下のような策が女性議員の増大を推進しているように思われる。

たとえば、女性議員の当選率は過去から高く、女性議員は、審議会や委員会に積極的に傍聴に行き、執行側の動きを把握するのみならず住民の意見等を知ることに努め、それらを一般質問や各委員会などの審議に生かしているとのことである。会議録などでそれらの活動を住民が把握し、女性議員の住民の声を政治に反映させようとの活動が評価された結果と考えられなくもない。また、具体的な取り組みとしては、女性を各種審議会等の委員に(原則公募制)登用し、重要な政策テーマごとのワークショップやパブリックコメントなどに加わってもらい、広く住民も参画できる仕組みをとっているなど、行政側と住民の距離感を無くす努力がされていると思われる市町村もある。また、男女共同参画社会基本法第一四条(各自治体が男女共同参画

図１　市区町村議会議員に占める女性議員の比率

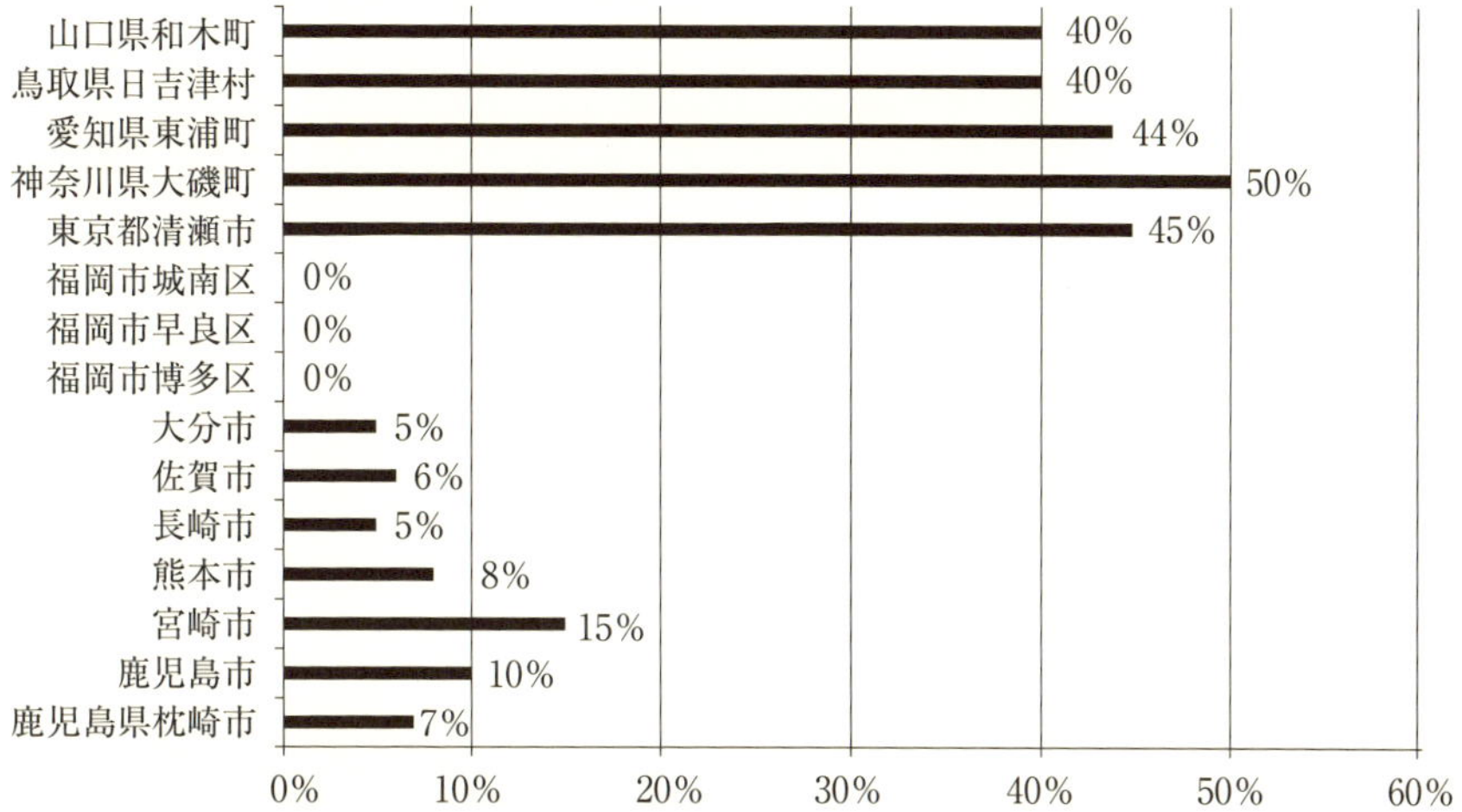


（注）１．小数点第１位で四捨五入して比率を算出。
２．数値は入手可能な範囲で最新のものを使用。
３．九州の市については各市のホームページに公表されているものを使用。
４．データは基本的に 2015 年 4 月の統一地方選挙のもので、グラフの上位５つは、女性議員の比率が高い市町村として新聞で報道されたものを使用し筆者（佐々木）作成（『毎日新聞』2015.4.28 朝刊；『読売新聞』2015.12.19 朝刊；『毎日新聞』2016.1.14 朝刊など）。

社会の形成の促進に関する基本的な計画を定めることを規定）に基づいて、各種施策を関係課において実施している。具体的には、審議会等への女性の参画を推進、全庁的に女性委員の積極登用を行うことや地域団体役員への女性の参画を促進など、各種団体に働きかけを行っていくことなどがあげられている。「女性議員が増えたことに、どういった取り組みが影響しているかの関係性は不明です」といった回答が複数あった。いずれにしろ、四〇%～五〇%を女性議員が占める市町村からの回答では、ポジティブ・アクション（固定した男女の性別役割を是正するため、女性優遇の措置を導入することなど）を採っているとの回答は皆無であった。

枕崎市で現在は一人の女性市議しかいない。だが、二〇〇七（平成一九）から数年間四人の女性市議がいたのは、議員定数一八人のなかで二二%を占めており、健闘していたといえよう。議会と住民の距離を縮め、本来の地方自治のあり方に即しての情報公開の徹底と情報へのアクセスの容易化をとおしての、開かれた議会づくりの外に、行政側が積極的に女性を審議委員などへ登用するなどを試み女性議員になる足掛かりをつくるなどが、市町村レベルの女性議員を増やす道のようであると思う。

# おわりに

佐々木　陽子

本書は、鹿児島県枕崎市という地方都市で、悪戦苦闘している・してきた女たちのあり様に光を当てた。同様な状況は日本各地で多かれ少なかれ共有されていることであろう。食べるのがやっとという貧窮した生活のなか、戦争体験をも経て今日にいたったライフヒストリーを高齢女性たちが語るとき、その語りが当人に閉じてしまわずに反響する。本書がジェンダー史であると同時に地域史としての側面を有する以上、対象となる地域である枕崎に焦点を当て、その深部にせまる視点が大切であることはいうまでもない。しかし、同時に、私たちが想像力を持っていれば、自分と直接関わりのない地域の出来事を、そしてその地に「生きた」「生きている」人々を、その想像力によって想起することができるであろう。

開拓農民として生きてきたテミさんの語りは、差別という言葉に収斂させることのできない余剰を背負いこんでいる。大きな声で自己主張するテミさん、「おかしいことはおかしい」とはっきり言い、九〇歳を過ぎて学ぶことに喜びを見いだしたテミさん、「戦争はダメ」と厳しく言い放ちながら優しい目をしたテミさんの夫の保さん。そして、苦労を笑いとばす力をもち、ラッパ節を唄うおしゃれで人気者の立石愛子さん。筆者自身は立石さんとは面識がないものの、語りからその人柄は十分に伝わってきて、あたかも知己であるかのごとく親しみを感じてしまう。

その語りから伝わってくるものは、一人ひとりの体験の個別性や独自性だけではなく、人間にとって本質的な何か普遍的な何かに触れさせられたような感覚である。だから、その語りは語り手個人に閉じてしまわずに響き渡る。血のしたたるカツオの切り身や小魚をカゴに入れて売り歩く「駄売い（だうり）のおばさん」は、カツオの切り身のアラであっても売り物になるものを入手するのにどれだけ懸命であったろうか。今日の売り上げが、おばさんの家の今日の糧を支えるのだ。ゆっさゆっさと、天秤棒が肩に食い込むほどの量の魚を運び、売り声を出して売り歩く姿が見えてくる。声が聞こえてくる。

「枕崎といえばカツオ節」といった様に、両者は切っても切れない関係にあるが、カツオ節製造の工程を見学したことで、労働の内実の一端が見えてきた。この産業も、他の地域の産業同様に外国人労働者問題や非正規労働者問題を抱え、労働政策に連結する。

また、鹿児島市には多くの銅像がありながら女性の立像は少なく、ひざまずいたり座っていたりとポーズが決まっている。その視線の多くは遠方を見つめず、子どもや愛する人にのみ向かう。枕崎の女性銅像もカツオ節に連結する。大型台風で夫を失った女たちが子どもの手をとり、カツオ節を売り歩く女性表象が代表的モチーフとなっている。これは立像ではあるが、今日明日の糧を求めてのものであり、視線が遠い将来に向けられることはない。

最後に、今日の女性と政治の関わりを問うたが、女子の教育のスタートが男子教育より遅れたのみならず、科目も男子に比べ裁縫などを重視した二級レベルに甘んじさせられてきたことは、女性議員の誕生の遅れにも関係し、女性ながら議員に当選するには紆余曲折が存在した。内閣府男女共同参画局は、「世界経済フォーラム」が二〇一五(平成二七)年一一月に出した各国における男女格差を測るジェンダー・ギャップ指数(Gender Gap Index:GGI)を発表したが、これによると、日本は一四五ヵ国中一〇一位(二〇一四年は一四二ヵ国中一〇四位)であり、順位がわずかながら上昇しているとはいうものの、先進国では考えられない低さである。この指数は、経済・教育・政治・保健の四つの分野のデータから作成され、日本は四つの項目の中で、とりわけ女性の政治参画と経済参画の比率が低い位置づけである。つまり、女性議員の少なさ、女性管理職の少なさがこうした指標に映し出されている。だが、今日の日本の地方議会のなかには、総議員の四〇%〜五〇%を女性議員が占める自治体も存在している。政治領域における男女格差の改善が不可能ではないことを、こうした事例が知らしめている。

鹿児島を訪れる人が驚くのはなんといってもすごい量で活けられた墓花であろう。これ以上無理というぐらいの量で生花が活けられている。しかし、墓守りは女の仕事といった性役割の意識の強い地域もあって、若い世代が都市部へ移り住んだ後、墓守りは高齢女性が担い手になるケースも多い。南薩では地域の共同墓地が小高い丘の上にあることが多く、高齢女性にとって、急坂を花を持って登るのは難儀であろう。花を墓に大量に飾る習俗は一九七〇年前後頃からではないかといわれているが、「花を絶やさない嫁は良い嫁」といったことがいまだにいわれる地域もあるという。先祖を大事にしていることをアピールする行為であるがゆえに、墓参りから自由になるには、墓じまいへ向かうことにもなろう。また、「墓が死んでいる」といわざるをえない墓の無縁化も進行している。

首都圏から鹿児島に来た筆者は、女郎墓について何も知らなかった。丘をよじ登り樹木のうっそうと茂った場所にある枕崎の金山にある女郎墓の前に立つと、料理屋の賄い婦をしながら夜は女郎として性を売る女たちの姿や声がよみがえるように思えてくる。遊郭のあったことを記憶にとどめている人々の語りを聞くと、再び息を吹き返すがごとく想像のなかで女郎たちが立ち現れる。鉱山と女郎の組み合わせは日本各地にありながら、知られることもなく今も眠ったままの女郎墓も存在することであろう。このように、女郎墓をめぐっても、空間を越境する可能性がありうる。この問題も枕崎に閉じるのではなく、枕崎から窓が開かれていく契機になればと願ってやまない。

流れ去る時間と共に、様々なものが風化していくことは仕方ないにしても、女郎墓が残されたことによって、目に見える形でその時代を私たちは想起しうる。遊郭のあった頃を知っている人がいて遊郭のあった花街が地図として甦る。日本のどこにでもおそらく見いだし得る光景なのかもしれない。あくまで地域にこだわり地域に執着することは、窓を閉じていくかのごとくに映り、地域という空間を囲い込むかの如くにとらえられなくもないであろう。だが、同様な歴史は他の地域にも存在し、空間的な越境を可能にするであろう。この矛盾にも映る両方向性（地域にこだわることと地域を越境していくこと）は、物事の理解のあり方をも示している。なぜなら、理解とは事象の個別性と普遍性の二つを問いかけながら進んで行くのだから。

想像力とは、不可視なものを現前化させる力を意味するのであろう。想像力を駆使することで、本書が、枕崎に生きた女たちの語りを、また本書が扱ったジェンダーが関わる多様な問題を、他の地域にも送り届けることができたらと願う。おそらく日本の各地で様相は異なりながらも、思いや心性を共有できるものが存在しているであろうと思うからである。生活の厳しさを、それが厳しいとも認識せず生きるしかなかった女たちの語りに心が揺れるとしたら、異なる地に暮らしその背景を異にしながらも私たちがどこかでつながる可能性を示唆しているのではないだろうか。

注

山﨑 喜久枝・佐々木 陽子

（1）火傷の場合は特に傷跡が大きくて目立つ。あの山が火傷跡に似ているため、子どもたちに喧嘩をしないように戒めるのに使われたそうである。「喧嘩をすればちんちょになるよ」と。

（2）日本全体の高齢化率は『平成二七年版高齢社会白書（概要編）』による（二〇一六年五月二〇日取得、http://www8.cao.go.jp/kourei/whitepaper/w-2015/html/gaiyou/s1_1.html）。鹿児島県と枕崎市の高齢化率は、鹿児島県のホームページ高齢化率に依拠（二〇一六年五月二〇日取得、https://www.pref.kagoshima.jp/ae05/kenko-fukushi/koreisya/koreika/koureikaritu.html）。鹿児島県と全国の比較は、鹿児島県のホームページに掲載されている（二〇一六年五月二三日取得、https://www.pref.kagoshima.jp/ab13/kenko-fukushi/koreisya/koreika/kagoshimakennokoureisyanogennzyounitu ite.html）。

（3）枕崎市（二〇一四）、枕崎市誌編さん委員会（一九九〇a）によると、明治から大正期にかけて、枕崎における漁業が占める産業別人口の割合は二一～二五％で、農業の次に位置づけられていた。一九七五（昭和五〇）年には一〇％以上を占めていた漁業が（枕崎市誌編さん委員会一九九〇a：八八－八九）、最新のデータでは、すでに二％を切っている（枕崎市二〇一四：一七）。

（4）一八九五（明治二八）年の台風による、鹿児島県三島村の黒島沖での海難事故であり、カツオ漁船が受けた台風被害では最大級のもので、枕崎の漁民だけでも四一一人が亡くなっている。多くの死者をだした「黒島流れ」を題材に、「当時の生存者達が民謡として作り今も古老達によって伝承されている」（NHK鹿児島放送局 一九八三：一五二）。

（5）藤原彰は、日本軍の戦没者の多くが「名誉の戦死」ではなく餓死であったことを明らかにしており、兵站調達を現地任せにした日本軍の食糧難の凄まじさを記している。飢死以外に、戦死とは、一瞬で死亡することを指すのではなく、戦病死・戦傷死など死に至るまで時間を要する残酷なものも含まれている（藤原 二〇〇一）。

（6）麓族（ふもとぞく）といって、旧士族階級であった人々のことを指し、住む地域が固定している。枕崎に限らず、鹿児島の地方都市では「麓族」という呼び名をよく耳にする。

（7）山﨑の記憶によると、「ゴーチンゴーチン」は、兄やその友達などが歌っていたとのこと。その時ゴーチンは轟沈、つまり船を沈めることで戦に勝つことを意味していたと思われる。「立石愛子さんの歌の全部が分からないので、確かなことは言えないんが…兄は愛子さんと歳が近いので、おそらく同じ歌だと思う」とのことである。

（8）山﨑によると、枕崎では田んぼや畑に独特の呼び名をつけて呼ぶことが多い。たとえば戦時中、爆弾が落ちた田んぼは「爆弾の田んぼ」、寺院跡近くは「新蔵坊の畑」などというように、今でもそう呼んでいるとのことである。

(9)「花嫁一人の結婚式」について、立石愛子さんから山﨑が聞き取ったところによると、「良かしげえはふたり並んでの結婚式をしたのよ」（金持ちの家では花嫁花婿ふたり、並んで式を挙げて盛大に祝ったものという）、昭和一〇年生まれくらいの女性たちは、船が出てからそろーいと（そーっと）嫁に行くものだったという。話を要約すると、近隣や親族を呼んで盛大に祝う余裕のない貧乏な人のやり方だったとのこと。いわば貧しい人たちの、苦肉の策の質素な式であったと思われる。夫が船を下りて帰宅してみると新妻が待っている。母親が息子の意をくんで心当たりの女の子を迎えてやったものらしい。愛子さんの他にも何人もいたということであった。しかし、この「一人花嫁」を知っている人は少なく、山﨑は年配の何人かにあたったが「知らない」「聞いたことない」とのことであったという。

(10)ラジオが高価でまだ普及していなかった頃、漁協・農協・個人などが有線放送でラジオ番組を流し、朝夕定期的にまたは緊急時に地域のお知らせをするラジオとのこと。山﨑が、関係者から聞き取った内容である。

(11)「だうり」「だうい」「駄売り」「駄売い」語尾が「り」と「い」と両方あるとのことである。

(12)明治末期に動力化によって、イケスの自然換水が可能となり、またキビナゴより日持ちのするイワシへの活き餌転換によって、この重労働から解放される（若林一九九八：四六）。

(13)福田忠弘は、原耕について長期にわたり南日本新聞に連載を書いている。現在（二〇一六年六月）も継続中である。鹿児島県立短期大学の研究チームでは、『カツオ今昔物語 地域おこしから文学まで』を二〇一五年に発刊し、枕崎市を通して、カツオの「地域おこし」「歴史」「水産」「栄養」「調理」などを論じているが、福田が編者となっている。

(14)総理府統計局データ「労働力調査の結果に見る際のポイント№一六」の記事によると「非正規の約七割を女性が占める」とのタイトルで詳細なデータが提示されている。

(15)二〇一六年一〇月一〇日取得。http://www.city.makurazaki.kagoshima.jp/industry/in_suisan_about2.html

(16)松尾英輔（一九九〇：二一）でも墓地めぐりが鹿児島の観光コースに組み込まれているとある。

(17)大分県姫島では五〇年忌にホトケはカミになる「弔いあげ」として、石塔を倒す行事があると紹介されている（民俗學研究所一九七〇：一〇一九、新谷・関沢編二〇〇五：二九四など）。中村正夫ほか（一九七九：二二八）、墓地墓石研究会（一九八一：八〇-八一）でも、他県の事例が紹介されている。山川町史でも「三十三年忌から五十五年忌にかけて、死者の霊は木の葉に乗って昇天し、個人としての霊を脱して『祖霊』という清浄な霊に高まる」とある（山川町二〇〇〇：九五七）。また鹿児島県の肝属郡の例として三十三年忌は木をたて、死者の霊は天に昇るので墓は倒してよいと記されている（村田煕一九七五：二一四）。いずれも家墓でなく個人墓を前提とした記述と解せよう。

（18）枕崎市の現在の一世帯平均は二・二五人で一九五〇（昭和二五）年の四・六一人とは隔世の感がある。また老年人口指数（老年人口＝六五歳以上を、生産年齢人口＝一五～六四歳でわって一〇〇をかけたもの）は、全国平均三六・一に対し、鹿児島県四四・三、枕崎市は五六・一であり、枕崎市における高齢者の占める比率の高さが顕著である（枕崎市二〇一四）。

（19）人吉市のホームページからこの調査の資料が入手できる（二〇一五年六月一日取得。http://www.city.hitoyoshi.lg.jp/q/aview/104/4706.html）。

（20）北村市朗（一九九八）では、城下町・門前町として寺社が多い事でも知られている福井県武生《たけふ》市の三〇ヵ所ほどの寺院（市内宗教法人としての届け出数二〇三ヵ所）の無縁墓の実態を調べ上げ、概して整備がよく行き届いている状況が報告されている。竹内康博（二〇一一）では、香川県善通寺市にある八五ヵ所の墓地の無縁化率をわりだし、そのうちの二二ヵ所の墓地については、墓石一基ずつの状態を墓地全体の中に位置づけ、全体としての無縁化率は一八・九％とされている。鈴木洋平（二〇〇九）は、新潟県佐渡市橘での調査を通じて、無石塔墓制を採ってきた地に恒久的石塔が入ってくる変化がどう生じたかの問題意識から論じている。

（21）散骨に関わる法律は二つある。一つは遺体（遺骨）の遺棄罪を規定している「刑法」一九〇条、いま一つは墓地以外での埋葬を禁止している「墓地・埋葬等に関する法律」第四条である。一九九一（平成三）年「NPO法人葬送の自由をすすめる会」（SJS＝Soso Japan Society）が組織され、相模灘沖で散骨（火葬された遺骨を粉にして撒く）を実施した。会長安田睦彦は、スウェーデンでの遺体の液体窒素での処理による土壌に返す手法などを紹介し、さらに、関東と関西の焼骨の骨上げの差異から、関西では一部の遺骨のみ骨壺に納め、残りは「産業廃棄物」として捨てている現実から、散骨の受容の可能性を説く（安田二〇〇七：九）。墓守りがいなく、カネばかりがかかって心のこもらない葬送習俗への反発から、「死者を葬る方法は各人各様に、亡くなった故人の遺志と個人を追悼する遺族の意思によって自由にきめられなければならない」（安田一九九七：一二〇）との考えを表明している。

（22）死については、ジャンケレヴィッチ（Jankélévitch 1978）が指摘するように、我々が冷静に語りうるのは「三人称の死」にすぎないであろう。「一人称の死」つまり自分自身の死は避けられないと観念しながら、恐怖であり、情愛の対象の「二人称の死」は苦悩の中にはまると出られないほど日常の時空感覚を狂わせるものであろう。

（23）共著者の山崎が直接枕崎市長に掛け合った成果である。

# あとがき㈠

山﨑　喜久枝

なぜ「枕崎」にこだわるのか。一言でいえば私の血肉、心も生き方も殆んどが枕崎でできたものだから、そして、何と言っても枕崎が好きだからとしか言いようがない。

なぜ「女、しかも名もなき女たち」にこだわるのか。これも一言でいえば、この人たちこそが社会の礎でありながら光が当たることもなかったからである。そして、私自身「男尊女卑」のくにと言われる鹿児島で苦痛を感じて生きてきたが、枕崎の女たちの生き方は、「男尊女卑」の気風に押しつぶされることなく、それをはねのける痛快さがあると思うからである。さらに「男尊女卑」の気風は、後述する私の父の態度からも分かるように、男たちにもかなり不自由な生き方を強いていることが分かってきた。

「枕崎の今」を男たちと共に築き上げてきた女たちは、歴史の表面に出たり、名を残したりもしてはいない。昔の女たちはどこでもそうであったように、この枕崎でも苛酷な仕事にも、女ならではの偏見にも耐え、厳しい生活を支え、社会を支えてきて現在があると思う。

今、男たちは「母ちゃんの力があればこそ今がある」「我が家の生活は妻の力が半分以上」と口ぐちにいう。直接はいえないが、他人を通して妻に感謝の言葉を伝えているようである。それでもそういえるような時代になったのだ。ずっと前から本心はそこにあったのに、表立って妻に感謝の言葉を伝えるのは「男らしくない」ことだったのだろう。

女といえば、私が生まれたとき父は「え～、女の子だったか～、踏み殺せー」といったという。そして、「名前などいらん」とか、名前は「九月一日でいい」とかいい、ようやく「九月だから、キクだ」となった。父の「九月だから」という前置きが気になっていた。

最近父の戸籍をみる機会があった。父親（私の祖父）の名前が「菊蔵」。わたしの名前を「菊」として祖父の一字を継がせたかったのかもしれない。「わざわざの前置き」に様々なことを思いめぐらした。菊蔵を知らない母は母で思いを込めて「喜久枝」の文字を当てたのだ。喜びが幾久しく末端まで行きわたるようにとの切なる思いであったという。

幼い頃から父は私をベタ可愛がりした。オハジキやお手玉、竹馬やくぎとりなど子どもの遊びにも丁寧に付き合い、自転車乗りの稽古もさせてくれた。川でおぼれた時にも濁流の中を必死で助けに来てくれた。貧血で倒れた時などいち早く駆けつけ、抱きかかえて布団まで運んでくれ「大丈夫か」とつきっきりで世話をしてくれたりもした。大きくなっても相撲をとったり、大学の卒業式には自ら率先して参列したり、あのときの嬉しそうな顔は今も忘れられない。

「女の子は踏み殺せ」とその後の「ベタ可愛がり」の落差の大きさには長いあいだ疑問が残っていた。「踏み殺せ」は「男の照れ隠し」だったのではないか。女児の誕生を喜ぶようでは「薩摩男の名がすたる」という空気の中では素直に喜ぶことが憚られたのであろう。「母ちゃんの力があればこそ今がある」「我が家の生活は妻の力が半分以上」と、男たちが照れながらも今ようやく言えるようになった。「男尊女卑」は女だけではなく、男たちをも苦しめていたのだと思うと、父の言葉や姿は、今となれば十分に納得できる。

枕崎以外の地に赴任し、外から枕崎を眺める機会に恵まれることにより、枕崎の女たちの明るさ、強靭さは格別だと思えたし、枕崎発展の「隠れた資源」だと直感した。これは是非とも何らかの形で残す必要があると思ったのである。しかし、職場と我が家の行き来だけの生活だった私は地域の人たちとの関係も薄く、隣家の人の死を有線放送で知るという有様だったのである。

幼い頃から引っ込み思案の性格は変わらず、地域に一歩踏み出す勇気もなかったので、まずは身近な人から聞き取りを始めようと考えた。

「母」と言うより第三者とし、「山﨑ハル」の人生を書き残そうと始めたのが第一歩であった。インタビューしてみると波瀾万丈、しなやかでおおらかな生き方に魅かれた。興味深い経験が次から次に出てきた。いろいろな人たちの聞き取りをするうちに戦前、戦中を生き抜いてきた女たちの人生は皆、それぞれに波瀾万丈。ハルだけでなく枕崎に関わりのある女性たちの歩みも、描きたいと思うようになった。

また、枕崎の女たちは一人ひとりが実に豊かで、個性がほとばしっている。ひとくくりで性格をあらわすことは難しいが、あえてくくれば「豪胆で人懐っこくて強く、優しく激しく痛快でいさぎよい」人が多い。困っている人にはどこまでも手をさしのべる、少々無骨で荒っぽい面もあるがみんなで支えあおうとする。この性格が厳しい生活を乗り越えられた原動力になっているのではないだろうか。

六五歳以上の、特別な経歴や肩書もない一市民として生きてきた女性に聞き取りをしたが、どの話も興味深くておもしろく胸がはずんだ。これらの語りは歴史そのもの、お城の上から眺めるのではない民衆のいきいきとした歴史だった。これはぜひ記録に残したいと食指を動かされた。

私の秘かなテーマが「高齢単身女性の支援」であったため、高齢女性の方と話す機会が多かった。その中で何人もの人から「私の人生を書けばノートが何冊あっても足りないくらいだ」「書けるものなら書きたいが…」といわれた。数人の人から「私のことを書いて欲しい」ともいわれた。聞いてくれる人が欲しかったと言わんばかりに、聞かなくてもよく語り、よく涙した。思いを託されたようで書き残す必要性を感じた。

一方、「書き残したいが、親族が生きているので公にするのはまだ早い」という人も多かった。その言葉の裏には何があるのだろうか。心の奥にある闇の部分を考えずにはいられなかった。男性の口からはあまり聞かれない言葉のようだが…。女として、嫁として、妻として、姑としてなど、言うに言われぬ何かをためているのかもしれない。ならば尚更書き残す必要がある。仮名でも仕方ないと思った。

話を聞いていると女たちの大多数から「学校をしていない（学校に十分には通えなかった）から…」、「女だから…」という言葉が出た。学校に行けなかったのも女に生まれたのも決して本人のせいではないのに、そう思い込んでいるようで話が先へ進まない。本文で見てきたように、女子の教育は内容も年数も男子に比べて貧弱であった。記憶力のいい人やひらめきのいい人、計算の早い人や全体像の見渡しに優れた人など素晴らしい女たちにたくさん出会った。女でも学校に行くチャンスに恵まれていたら、学問をすることができていたら…、何度となくそういう思いに駆られ胸が締め付けられた。

そのような意識や慣習を変えられるのは政治や教育ではないのか。その教育に恵まれないのであれば、政治の力を借りるほかないのではないかと思い市議会の議事録を眺めた。女性議員の少なさ、不在期間の長期化などは悲しむべき状態であった。男性議員には女性の問題が問題であることが理解しにくいのであろう。女性議員たちが女性の問題を取り上げて質問している実態も議事録から分かってきた。

そんな大きな力を持つ女たちは、「名前も顔も記録も」ほとんど残っていない。わずかな「記録」の銅像も人間の女性は固有名詞でなく「カツオ節行商の像」なのだ。わずかに女性と思われる枕崎市にある像は、「人魚」と「女神」二基であり人間ではない。

だが女たちは悲しく苦しかったであろう過去もそれなりに乗り越え、突き抜けて今を謳歌しているようで、今は幸せだという。今後は政治や教育の力で女たちだけが踏み台になるのではないみんなの幸せをめざすことを心底願ってやまない。

仕事を辞めて間もなく枕崎市役所の「男女共同参画推進懇話会」の会長を務めることになった。任期は二年でその間四回の会合のみが慣例であった。これでは行動計画のチェックなどできるとは思えず、単なる追認機関にしてはならないと思った。こうした形骸化したやり方では、会員も無言で席を温めているだけで市の発展に寄与できない。会長を引き受けるとき「毎月一回の学習会を手弁当で開催すること」と「司会は全員交代ですること」を提案した。「男女共同参画とは何か」「なぜ今それが必要か」「枕崎がどのように変わることをイメージするのか」などを学びあい、「自分の身の回りで変化したこと、させたことなどを毎月発表」した。メンバーが入れ替わるたびに「男女共同参画とは何か」から始めていった。それぞれが地域や職場に戻り実践を重ね、徐々に変化が見られようになった。

例えば、「自分たちの発言や姿勢を見て、男の人も湯呑茶碗を洗うようになった」とか、「トイレ掃除を女だけでなく全員交代でするように提案した」などの発言や、或る会合に出て、女が下になっている名簿に「どんな理由からか」質問して変えてもらったとか、「自分の主催する会合に男女共同参画の視点を必ず入れて企画する」などの発言があり、小さな動きだが確実に進んでいると実感する。「男女共同参画」は言いにくい馴染みのない言葉だったが少しずつ定着していることも感じ取れる。

教科書で習う「歴史」ではない、一人ひとりが生きてきた道そのものを通してみる社会がどのようなものであるかを考えさせられた。枕崎の女性の全員に聞き取りをしたいし、記録してもらいたいものという思いがある。今回は私の知り合いや、そのまた知りあいなど範囲は狭いものである。しかもそのうちのわずかなもののみをここに掲載したにすぎない。

今聞き置くことができて良かったと思えるし、誰かが聞かなくては何も分からなくなる。分からないということは、この人たちの人生も戦争のことも無きものにされてしまう。私が聞き取りをした人たちの人生には何らかの形で戦争が影を落としており、どの人の歴史も重みがあり、尊く胸に迫ってくる。だが書き残すには時間が限られている。

以前から人の話を聞くのは好きだったので、問わず語りにも口をはさんで「そして…それから…」と引き出しながらの話は多く聞いていた。いつかどこかで役に立つだろうとメモしてあったもので、今回こんな形で表に出せる機会を得られて本当に有り難い。

佐々木先生には多くの助言を頂き感謝申し上げます。

また、このたびインタビューに応じてくださった方々、文章を寄せてくださった方々にも深く感謝申し上げます。

山﨑さんの家族は戦前、中国の内モンゴル自治区や北京や天津に比較的近い地域に居住していた。一〇代で結婚した母親は、駆けずり回るように家事をこなしつつ、入れ替り立ち替り家を訪れる来客や居候の世話に追われたという。父親が軍の特務機関で仕事をしていたので全てが秘密裏の行動であり、承徳に住んだのも、張家口や済南に移動したのも、居候がたくさんいたのも全て詳細は聞かされていない。

唯一聞いたのは、モンゴル奥地に宣撫工作に行ったことのみである。映写機とお菓子を持って出かけ、そこの市長からモンゴル織りの分厚い布を贈られたと持ちかえってきた（今も家に現存する）。

山﨑さんを出産するため、母親は単身で愛媛の実家に帰国出産（一九四一年）。その時は万里の長城近くの奥地の張家口から済南、青島へ出て、そこから航路で門司港に着いている。

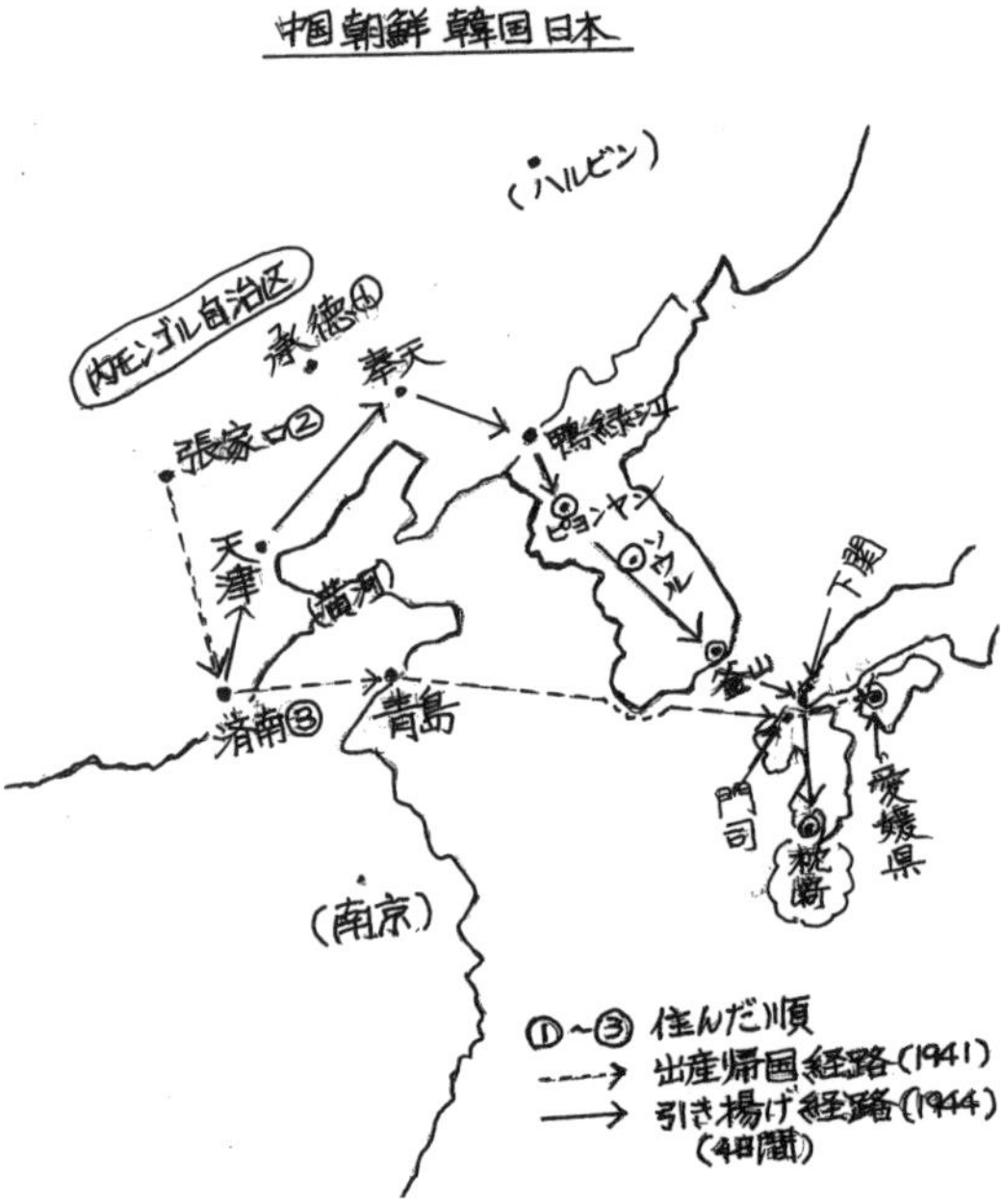


図1　戦地からの脱出（山﨑喜久枝画）

その後、赤ん坊の山﨑さんを連れて中国に戻ったのは済南まで。その後、戦局は悪化の一途をたどる。軍関係の仕事上、戦局の情報の入手は早かったらしく、父親は迫りくる危険を察知し、家族を日本へ帰国させる決意をする。中国脱出時は済南から天津、奉天へさかのぼり、鴨緑江を渡り朝鮮半島に入り平城から釜山へのルートをたどる。真夜中、釜山港を出るとき甲板に集められ「近くに潜水艦が出没しているので…」といわれ身の危険を感じたようである。それでも四日がかりの脱出行で無事に下関港、日本にたどり着く。

そこからまた枕崎へ列車で一日、引き揚げ行が済んだのは真っ暗な夜であった（一九四四年）。

波瀾万丈の脱出であり、戦争と切り離せない歴史そのものである。

（佐々木記）

# あとがき㈡

佐々木 陽子

本書は、現場での聞き取り調査の実践家である山崎さんと研究職の私という畑違いのコンビで作り上げたものだが、人に会い足で集めまわって資料の収集に努め、私にはない人脈をもっておられる山崎さんなくして、生み出すことはできなかったとの思いが強い。また、語ってくださった多くの方々に感謝いたします。

思わぬ縁から首都圏を離れ、鹿児島に住むことになり、まもなく鹿児島を去り首都圏に帰るのを前に、何か鹿児島に恩返しをしたいと思っていた。枕崎を窓に、過去を生きた、今を生きる女たちとの出会いを通じて、女たちの生活史・日常史といったものをまとめてみたいとの思いが強くなっていった。本書が枕崎に閉じるのではなく、本書と似たような体験や歴史が存在するであろう全国各地に拡散していくことを願う。テミさんのしゃべる言葉は方言のために九割近く私にはわからないため、「通訳」してもらわねばならなかったが、その話に吸い込まれた。戦後の開拓農民のテミさんのこと、夫の保さんのこと、私は決して忘れないと思う。「記憶し続けること、忘却しないことこそ、それは思想だと思う」と、かつて拙著（佐々木二〇〇一）のあとがきにそんな意味のことを書いたことがあるが、その思いは変わらない。

鹿児島に来て、すぐに水俣を訪れた。資料館ができていて映像を通して、水俣の歴史を学ぶ施設がつくられていた。今は美しい海を近くで眺めることができる。想像していた以上に眺めがよく海は美しく、ここで何が起きたのかは、知識と想像力が問われていると強く思った。だが、水俣病は現在進行形の問題であり、今も裁判闘争が続いている。天草からやってきた漁民にとって水俣は大工場のある都会であり、さらに熊本は一層の大都会であり、そしてはるかかなたの権力中枢の東京は超巨大都会メガロポリスであったという入れ子構造の中で、被害民のチッソ東京本社前の座り込み闘争を改めて思う。今、海は静かで美しい。我々はこの海の美しさに吸い込まれそうになるだろう。それは忘却の誘惑に駆られるということかもしれない。

多くの言葉が生産され、人々の心を意図的に動かそうとする。その典型が政治家のスピーチであろう。しかし、水俣の患者さんたちには、訴える力のある言葉を持ちえないまま、身体で抗議を起こした。身体を言語に置換した行為が、チッソ本社前の座り込みであったと思える。座り込みという行動が人々の心に届いたとき、それは言葉以上に威力を持つと確信する。

一人ひとりの生は、記録される「業績」を残さないかぎり忘却されていくが、一人ひとりには確実にその人にしかない歴史があり、この地方都市の枕崎で生きているあるいは生きた人々の声が、枕崎と直接関わらない人にも、少しでも届けばと願う。本書で語ってくださった方々は、人の心を動かそうなどと意図しているわけではないが。

私の祖母は明治中ごろの生まれで、四人の娘と三人の息子を産み、一人を幼くして事故でなくし、一人を戦死で失っている。私が戦争を考えるとき、思考の核は私の産まれる前にこの世を去った伯父である。東京下町生まれの私は、子ども時代の夏休みの一ヶ月、長野県北部の祖母の住む地で過ごすのが慣例化していた。大好きな祖母の家に行くのが待ち遠しかった。「女に教育はいらない」と言われ続けて育った祖母は、自分が教育を受けられなかったために、無理してもという思いで、娘たちを女学校に入れて小さな旅館を経営して頑張った。乳飲み子を残して夫は逝ってしまったため、旅館の経営は祖母一人の腕にかかっていた。旅館といってても湯治客相手で、お客一人ひとりが、自分の食事や薪などは持参し自炊したそうであるが。

学校に行かせてもらえなかった祖母は、字もろくに読めなかったけれど、年をとってからひらがなを覚え、私の出すハガキにひらがなで返事をくれた。また、字が読めずにどうやって覚えたのか不思議に思うが、『般若心経』を毎朝、正座して亡くなった息子にあげていた。朝起きると東に向かってまず柏手を打って、それから水とご飯を仏壇に供えて、仏壇に向かってお経を上げるのが、祖母の日課だった。子どもだったから、私はお経の最後の方の「ぎゃ〜て〜ぎゃ〜て〜、はらぎゃ〜て」という音がおかしく、くすくすと笑ってしまった。

今、母の位牌のそばに、なぜか祖母と私の産まれる前に戦死しているので会ったこともない伯父の二人の位牌が並べられている。失った息子への祖母の気持ちを想い、母の大好きな兄だったから、一緒にいられるようにと願ってのことである。位牌を作るとき、仏具店の店主は一つの位牌に母が右・息子が左という組み合わせで戒名を刻むことはあり得ないといった。「そんなことはどうでもいいのだから」と言ってもこういうケースは初めてとか言って、「あり得ない」を連発した。が、電話がかかってきて、事例が存在するのを見つけたと説明して作ることになった。仏教徒ではないので、私にとっては位牌の位置など重要なことではなかったのだが。

敗戦後、祖母は息子の帰還を首を長くして待ち続け、公報も出ないのでおそらく帰ってくると期待していたことであろう。ところが一年以上たって、息子の戦友が湯治に訪れ、祖母が息子の戦死を知らないことに驚いたという。死亡したのは敗戦数週間前であった。この話を祖母は涙をこらえて聞いていたという。どこで祖母は一人涙したのだろうか。夫は乳飲み子を残し早くに逝ってしまい、苦労の連続だったであろう祖母の人生の最大の悲しみだったに違いない。その祖母の歩みさえろくに知らない。今なら聞きたいことはいっぱいあるのに。

祖母は年をとり寝込むことが多くなり、離れの部屋から隣の家の庭と屋根の上に広がる空をベッドから眺める生活に変わっていった。老いの寂しさから孫の私を一番必要とする時期に、孫の私は成人し、自分の生活世界を作り上げ、祖母の住んでいる田舎に顔を出すこともすっかり減っていった。私は自分の生活圏の中で忙しく、祖母を思いやる気持ちを持つことができなくなっていた。この祖母と孫である私のギャップは、今思うと猛烈に悲しい。そして祖母の話を聞かずに逝かせてしまったという気持ちが、込み上げてくる。私の中で年をとるにつれて、祖母に対する悔恨が芽生えって行った。仏教徒でもない私が、毎朝、お供えをし祖母と「伯父」に手を合わせるのは、贖罪以外の何ものでもないだろう。

最初は「ジェンダーとナショナリズム」をテーマとし、ここ何年間ほど「老いそして死をめぐる想像力」をテーマに研究している。こうした研究テーマから離れ、女たちの生活史・日常史をまとめ上げるのは思いのほか大変であった。誰の記録をどこに配置するのか考えをめぐらすなど、編集の仕事は時間にも追われた。しかし、いろいろな人にこの作業を通じて出会えたような気がする。こうした機会を与えられたことに感謝したい。

## 謝　辞

佐々木 陽子

本書の語り手となってくださった皆様にあらためて感謝いたします。そして明石書店編集部の大野祐子さんには大変お世話になり、出版を承諾し力を貸していただいたこと、また本郷書房の古川文夫さんにも数々のご助言をいただき、ありがたく思っております。なお、この出版については、津曲学園鹿児島国際大学から出版助成を受けました。心より御礼申し上げます。

初　出

以下の章では、筆者（佐々木）の論文や学会発表資料を加筆修正のうえ一部転載。

第1章　「「お供え」と「蔭膳」—不在者との共食—」『現代民俗学研究』四、二〇一二年。

第3章　二〇一五年五月鹿児島市にて開催されたジェンダー史学会主催の春のシンポジウム『鹿児島に生きたおんなたち—生活記録をめぐる語りから歴史を紡ぐ—』の発表資料「枕崎の銅像から見えてくるジェンダー」。

第5章　「ジェンダーを潜めた習俗「墓参り」「お供え」「蔭膳」—鹿児島県枕崎市を中心に—」『地域総合研究』四〇、二〇一三年。
「無縁墓問題—記憶と忘却のはざまの死者たち—」『西日本社会学年報』一四、二〇一六年。

# 参考文献


五十嵐泰正「学者が斬るシリーズ五〇五―安易な「労働開国」では低生産性から抜け出せない―」(『エコノミスト』八九巻一九号)毎日新聞社、二〇一一年
井上治代『墓と家族の変容』岩波書店、二〇〇三年
井下　清「墓地の整理と保存」(『掃苔』一巻二号)一九三二年
今給黎正人編著『枕崎地方方言集』高城書房、二〇〇三年
NHK鹿児島放送局『さつま今昔』つかさ書房、一九八三年
大越公平「加計呂麻島芝(奄美)におけるカゲゼン習俗とカミオガミの行事―家族組織研究の一視点―」(『南島史学』一四号)南島史学会、一九七九年
大宅壮一「東雲のストライキ」(『日本評論』二六巻三号)日本評論新社、一九五一年
小川学夫「九州、奄美、沖縄における「ラッパ節」の流れ―沖縄の「十九の春が生まれるまで」―」(『鹿児島純心女子短期大学研究紀要』三六号)鹿児島純心女子短期大学、二〇〇六年
小野友道「紅灯の二本木花街《かがい》―東雲のストライキ(一)―」(『Kumamoto：総合文化雑誌』七号)くまもと文化振興会、二〇一四a
小野友道「紅灯の二本木花街―東雲のストライキ(二)―」(『Kumamoto：総合文化雑誌』九号)くまもと文化振興会、二〇一四b
鹿児島県『鹿児島県史　第五巻』一九六七年
鹿児島県教育委員会『鹿児島県教育史』一九六一年
鹿児島県立短期大学チームカツオづくし『カツオ今昔物語―地域おこしから文学まで―』筑波書房、二〇一五年
金　一勉『日本女性哀史―遊女・女郎・からゆき・慰安婦の系譜―』徳間書店、一九八〇年
北村市朗「武生市の無縁墓石について」『北陸石仏の会研究紀要』二巻、北陸石仏の会、一九九八年
桜井徳太郎「民間信仰成立の基盤―陰膳習俗の源流―」(『日本歴史』一八二号)吉川弘文館、一九六三年

佐々木貴文「カツオおよびかつお節の生産維持に果たす外国人労働力の役割―日本とインドネシアに注目した生産と労働の実態分析―（第五五回 シンポジウム特集 カツオ節産業の過去・現在・未来―現代的状況と今後の展望・枕崎を中心に―）」『地域漁業研究』五四巻三号、地域漁業学会、二〇一四年
佐々木陽子『総力戦と女性兵士』青弓社、二〇〇一年
佐々木陽子「「お供え」と「蔭膳」―不在者との共食―」（『現代民俗学研究』四号）現代民俗学会、二〇一二年
佐々木陽子「ジェンダーを潜めた習俗「墓参り」「お供え」「蔭膳」―鹿児島県枕崎市を中心に―」（『地域総合研究』四〇巻二号）地域総合研究所、二〇一三年
佐々木陽子「無縁墓問題―記憶と忘却のはざまの死者たち―」（『西日本社会学年報』一四号）西日本社会学会、二〇一六年
ジャンケレヴィッチ、V・（仲澤紀雄訳）『死』みすず書房、一九七八年
新谷尚紀・関沢まゆみ編『民俗小事典　死と葬送』吉川弘文館、二〇〇五年
鈴木洋平「石塔化と「無縁」―佐渡橘における恒久的石塔の選択と「意味づけ」―」（『日本民俗学』二五七号）日本民族学会、二〇〇九年
仙田和恵「徳之島花徳《けどく》の盆」（『史園』四巻）園田学園女子大学、二〇〇三年
高野　俊『明治初期女児小学の研究―近代日本における女子教育の源流―』大月書店、二〇〇二年
竹内康博「香川県善通寺市の墓地行政と今後の課題」（『愛媛法学会雑誌』三七巻）愛媛大学法学会、二〇一一年
張日新（Zhang Ri xin）・秋山邦裕「外国人研修生受入れのプロセスと受入れ経営の負担問題―枕崎市の花卉施設経営を中心として―」（『鹿児島大学農学部学術報告』五九号）鹿児島大学農学部、二〇〇九年
土居　浩「〈墓地の無縁化〉への対処―掃苔道・霊園行政・柳田民俗学の場合―」（『宗教研究』七四巻四号）日本宗教学会、二〇〇一年
土居　浩「〈墓地の無縁化〉をめぐる構想力―掃苔道・霊園行政・柳田民俗学の場合―」『比較日本文化研究』一〇号、風響社、二〇〇六年
中村正夫ほか『九州の葬送・墓制』明玄書房、一九七九年

林　圭史「大正期の鹿児島におけるカツオ漁業の操業実態―一九二〇年代の日記の内容分析をもとに―」（『地域漁業研究』五一巻二号）地域漁業学会、二〇一一年
福ヶ迫加那「墓花から見た墓所の社会的機能に関する一考察―鹿児島県南薩の事例から―」（『九州人類学会報』三七号）九州人類学研究会、二〇一〇年
福田忠弘「活き餌確保からみた原耕の第一次南洋漁場開拓事業」（『研究年報』四六号）鹿児島県立短期大学、二〇一五年
藤原　彰『餓死《うえじに》した英霊たち』青木書店、二〇〇一年
墓地墓石研究会『墓地墓石大事典』雄山閣、一九八一年
枕崎市『枕崎の統計　平成二六年刊行』二〇一四年
枕崎市『枕崎の統計　平成二七年刊行』二〇一五年
枕崎市史編さん委員会『枕崎市史』一九六九年
枕崎市誌編さん委員会『枕崎市誌上巻』一九九〇年ａ
枕崎市誌編さん委員会『枕崎市誌下巻』一九九〇年ｂ
松尾英輔「墓花における切り花の利用―特に鹿児島の例から―」（『農業および園芸』六五巻五号）養賢堂、一九九〇年
民俗學研究所『綜合日本民俗語彙 第三巻』平凡社、一九七〇年
村田喜代子『ゆうじょこう』新潮社、二〇一三年
村田　熙『日本の民俗　鹿児島』第一法規出版、一九七五年
森　謙二『墓と葬送の社会史』吉川弘文館、二〇一四年
安田睦彦「『葬送の自由をすすめる会』の歩み」（『仏教』三八号）法藏館、一九九七年
安田睦彦「葬送の自由と自然葬」（『生活と環境』五二巻三号）日本環境衛生センター、二〇〇七年
柳田國男「影膳の話」『定本柳田國男集 第十四巻』筑摩書房、一九六二年
柳田國男『明治大正史世相篇』講談社、一九九三年（初出一九三一年）
山川町『山川町史　増補版』二〇〇〇年
山内タミ子編『開拓史―小塚入植六〇周年記念―』二〇〇六年

山之内国助『ふるさとの想い出 写真集 明治大正昭和 枕崎坊津知覧』国書刊行会、一九八二年
若林良和「鹿児島県におけるカツオ漁業の展開と漁船乗組員の海上生活」(『高知大学教育学部研究報告第二部』五六号)
高知大学教育学部、一九九八年
渡部智倶人『日之影の無縁墓は語る』海鳥社、二〇〇七年

# 鹿児島県に関わる女性史年表……………………………………………山﨑　喜久枝

＊年表作成に用いた主たる資料は以下の通りである

①「宮崎たかゐ」生誕一〇〇年記念実行委員会、二〇〇六年、『婦人参政権から六〇年　鹿児島女性の歩み花も実も』一五－一六頁。

②女性会議鹿児島県本部、二〇一二年、＆＃八四六四：女性会議五〇周年記念ＤＶＤ上映会「山川菊栄の思想と活動　姉妹よ、まずかく疑うことを習え」。

③その他、鹿児島「女子教育」もんだい研究会や鹿児島県退職女性教職員連絡協議会などの会合やシンポジウムの配布資料などからも引用している。

＊鹿児島県に関わるジェンダーや女性史の類の年表づくりが進んでいないきらいがあり、年表作成は意義のあるものと考え作成した。

| 西暦年 | 年号 | 出来事 |
|---|---|---|
| 一八六七年～一八九七年 | 慶応三年 | 磯ノ浜紡績工場開設（男女二〇〇人、一〇時間労働） |
| 一八七五年 | 明治八年 | 森有礼・広瀬常、男女平等の契約結婚 |
| 一八七九年 | 明治一二年 | 県立女子師範学校　再開 |
| 一八八六年 | 明治一九年 | 鹿児島女子実業補習学校　開校 |
| 一八九四年 | 明治二七年 | 鹿児島駅着工の為常盤遊郭移転、沖之村へ |
| 一八九九年 | 明治三二年 | 県立高等女学校　開校 |
| 一九〇六年 | 明治三九年 | 県初の女性新聞記者　濱田苔花（亀鶴） |
| 一九一三年 | 大正二年 | 丹下梅子、東北帝大理学部　入学（女性に初めて入学許可三人） |
| 一九一四年 | 大正三年 | 桜島大爆発 |

| | | |
|---|---|---|
| 一九一七年 | 大正六年 | 鹿児島紡績会社　設立 |
| 一九二三年 | 大正一二年 | 県初のメーデー |
| | | 県立鹿児島病院　看護婦スト |
| 一九二五年 | 大正一四年 | 常盤遊郭　娼妓スト |
| 一九四五年（八月一七日） | 昭和二〇年 | 米軍進駐デマ、老人・婦女子数日間避難（枕崎・鹿屋・出水など） |
| 一九四五年（一〇月） | | 鹿児島市庁舎に米軍政部（ＧＨＱ）開設 |
| 一九四五年（一一月二日） | | 占領軍の鹿児島市駐留で市内の夜間外出禁止令 |
| 一九四五年（一一月一四日） | | 鹿児島市立女子興業学校で同盟休校 |
| 一九四五年（一二月一一日） | | 戦災孤児らの家「仁風寮」を開園 |
| 一九四六年 | 昭和二一年 | 児島文、南日本新聞の記者となる |
| | | 婦人解放問題研究会（県立図書館で） |
| | | 勝目テル講演会（薩摩女性と婦人解放） |
| 一九四六年（二月二日） | | ＧＨＱ、十島村竹島・黒島・硫黄島を除く下七島と奄美群島の日本行政禁止 |
| 一九四六年（二月六日） | | 全国初の女性校長　長船鏡湖（川辺高女） |
| 一九四六年（三月九日） | | 県令改正「貸席営業」（買売春継続へ） |
| 一九四六年（三月一三日） | | 米軍、奄美群島に軍政府開設 |
| 一九四六年（三月三一日） | | 県女性連盟結成（執印テル） |
| 一九四六年（四月三〇日） | | 出水郡国民学校に県内初の教員組合 |
| 一九四六年（一一月一八日） | | 農地改革推進のため県に農地部設置 |
| 一九四七年 | 昭和二二年 | 県立女子専門学校　設立 |
| | | 鹿教組　結成 |
| | | 婦人会結成のうごき（県下各地に婦人会結成の気運が生まれはじめる） |
| | | 市町村のうごき（各市町村において地域婦人会の結成がはじまる） |

| | | |
|---|---|---|
| 一九四七年（一月八日） | | 県内初の男女共学（隼人町富隈国民学校） |
| 一九四七年（二月一五日） | | 県警、初の女性警官三二人 |
| 一九四七年（四月三〇日） | | 戦後初の統一地方選挙により鹿児島県にも女性議員が誕生 |
| 一九四七年（六月三日） | | 県学務課に初の女性視学二人 |
| 一九四七年（九月一日） | | 鹿児島労働基準局と基準監督署発足 |
| 一九四七年（一二月九日） | | 県婦人連合会結成（旧一中講堂で総会が開催され会長に黒江ヨネ氏） |
| 一九四八年 | 昭和二三年 | 勝目テル『婦人の解放』（社会書房） |
| 一九四八年（三月一一日） | | 婦人少年局鹿児島職員室主任　宮崎たかゐ |
| 一九四八年（八月一六日） | | 県未亡人援護会（会長　橋野はる子）　未亡人相談室開設 |
| 一九四八年（八月二三日） | | 県児童相談所開設 |
| 一九四八年（一〇月） | | キング女史（GHQ教育担当官）来鹿 |
| 一九四八年（一一月一日） | | 県教育委員会　発足 |
| 一九四九年 | 昭和二四年 | 県婦人連合会の解体（軍政部教育担当官キング女史により解体を勧告） |
| 一九四九年（四月） | | 第一回婦人週間実施（現在まで続く） |
| 一九四九年（七月一日） | | 軍政部を民事部に改称 |
| 一九四九年（一〇月三〇日） | | 第四回国体（東京）で県代表児島文　女性で初の選手宣誓 |
| 一九四九年（一一月一〇日） | | 鹿児島民事部廃止、九州民事部へ移管 |
| 一九五〇年 | 昭和二五年 | 封建制についての調査実施 |
| | | 全国女世帯生活実態調査実施 |
| | | 引揚者の出迎え（婦人会が引揚者の出迎え援助　留守家族慰問） |
| | | 日赤奉仕団結成（黒江ヨネ氏初代奉仕団長として就任） |
| 一九五〇年（四月一一日） | | 民主男性№1表彰式（注釈：家庭代表・職場代表各一人、趣旨：鹿児島の封建性、特に男尊女卑を打破し、鹿児島の女性の新しい立場を認め、家庭・職場で民主的行動をしている男性を選出、主催：鹿児島婦人週間 |

| | | |
|---|---|---|
| | | 対策委員会、表彰：婦人週間行事開催時に、婦人週間対策委員会会長の知事が表彰） |
| 一九五〇年（五月一日） | | 県婦人連絡協議会発足（連合体より連絡協議体に改組　会員二二万人、初代会長内藤ふゆ子任命） |
| 一九五〇年（五月一六日） | | 県労働委員会　発足 |
| 一九五〇年（五月一八日） | | 未亡人のための「婦人の町」鹿児島市三和町（執印テルら尽力） |
| 一九五一年 | 昭和二六年 | 婦人問題審議会発足（会長　濱田亀鶴） |
| | | 初の中卒者集団就職列車 |
| | | 鹿児島市婦人相談室開設（中央公民館） |
| | | 鹿児島市民主五家庭　選ぶ |
| | | 戦犯の減刑運動（婦人会がキリノ大統領に減刑嘆願書を出し死刑囚三人を救出したオーストラリア戦犯の釈放運動） |
| | | 働く年少者の生活文募集 |
| 一九五一年（五月）～一九六九年 | | 鹿児島市営バス、初の女性車掌 |
| 一九五二年 | 昭和二七年 | 農村娘の身売り増加（糸へん不況） |
| | | 婦人少年局鹿児島職員室室長に宮崎たかゐ |
| | | 鹿児島市婦人会脱退（総会出会人員の件で脱退） |
| 一九五二年（四月一七日） | | 「明るい寄宿生活のための運動」展開 |
| 一九五二年（七月二〇日～八月末） | | 鹿児島婦人少年室設置（職員二人） |
| 一九五二年（八月） | | 農村婦人の生活向上特別運動実施 |
| 一九五二年（九月） | | 農村婦人の生活実態調査実施 |
| 一九五二年（一一月） | | 「夜間高校に学ぶ生徒についての実態調査」実施 |
| 一九五二年（一一月） | | マイナークラブ（働いている一八歳未満の少年団体）結成 |
| 一九五二年（一二月） | | 人身売買の家族、周せん業者の実態調査実施 |

| | | |
|---|---|---|
| 一九五二年（一二月～翌三月） | | 売春婦の親元調査 |
| 一九五三年 | 昭和二八年 | 風紀についての世論調査実施 |
| | | 奄美大島復帰運動（婦人会が資金カンパをし、大島の婦人会に国旗を二一枚支給） |
| | | 奄美復帰で基八重子・橋口初枝　世界人権擁護委員長へ復帰嘆願書を手渡す |
| | | 奄美群島日本復帰の日米協定条約調印 |
| | | 辻きよ『先覚者丹下先生』（日本女子大学） |
| 一九五三年（三月） | | 家内労働実態調査実施 |
| 一九五三年（四月） | | 第一回全国婦人会議　一人出席 |
| 一九五三年（八月） | | 働く婦人の福祉を高める運動 |
| 一九五三年（八月） | | 売春防止特別活動実施（現在の社会の風紀環境を浄化する運動となる） |
| 一九五三年（八月） | | 第一回働く年少者の生活写真募集 |
| 一九五三年（九月） | | 売春問題に関する世論調査実施 |
| 一九五三年（一〇月） | | 売春防止運動実施―鹿児島市沖之村で特飲店接客婦と経営グループとの懇談会実施 |
| 一九五四年 | 昭和二九年 | 婦人少年室協助員第一回発令（三九人） |
| | | 茶寮まつもと少女売春・建設会社贈収賄事件発覚（宮崎たかゐらが来鹿中の藤原道子議員への訴え） |
| | | 県母子福祉連絡協議会結成 |
| | | 県婦人団体連盟（山路澄子）売春防止法運動資金　一人一円運動 |
| | | 幹部数人を招聘（幹部数人を招聘し、暫定的に婦人部として加入） |
| | | 県婦人会館建設の為に古紙回収（古紙ボロ、会員一人当たり三貫目供出） |

| | | |
|---|---|---|
| 一九五四年（五月一五日） | | 県婦人団体連絡協議会発足（県婦連・農協婦人部・未亡人会・漁協婦人部の四団体加入） |
| | | 売春禁止法制定に婦人会協力（八万一〇〇〇人の署名をおくり制定に協力） |
| | | 県未亡人会独立（県未亡人会の独立に婦人会が協力） |
| 一九五五年 | 昭和三〇年 | 日本初の女性博士　丹下ウメ没 |
| | | 初の女性県会議員　浦フク（東郷町） |
| | | 売春禁止法促進町民大会（志布志町） |
| | | 売春禁止法制定促進大会（県婦人団体連盟　市川房枝・藤原道子議員来鹿） |
| | | 鹿児島県全学生大会　女子学生呼びかけで（松元荘事件） |
| | | 県議会、売春取締条例　廃案 |
| 一九五五年（六月） | | 未亡人の適職調査実施 |
| 一九五五年（六月） | | 婦人の地位についての調査実施 |
| 一九五五年（六月） | | 婦人の社会的関心に関する世論調査実施 |
| 一九五六年 | 昭和三一年 | 事業場訪問調査実施（現在も実施） |
| | | 松元荘事件　懲役二年地裁判決 |
| | | 県婦人会だより第一号発刊（年五回発行　六〇〇〇部をめど） |
| | | 県婦人会、知事に陳情書提出（教育委員に婦人一人を入れるように陳情） |
| | | 新生活、グループ活動研究委員会発足 |
| | | 県婦人会館建設委員会発足（会長　黒江ヨネ） |
| 一九五六年（四月） | | 婦人問題相談員　一人配置 |
| 一九五六年（四月） | | 婦人少年室協助員五七人に増員 |
| 一九五六年（四月） | | 売春問題実態調査実施 |
| 一九五七年 | 昭和三二年 | 県内四ヵ所婦人相談所開所 |
| | | 県婦人会館設立資金づくり |

| | | |
|---|---|---|
| 一九五七年（一〇月） | | 婦人会館開館（敷地六二四坪、建坪二四〇坪の昔の喜入邸跡を岩下産業より買収し開館） |
| 一九五八年 | 昭和三三年 | 浦フク県議「売春防止法施行と救貧対策」で質問 |
| | | 婦人少年局鹿児島職員室室長　宮崎たかゐ退任 |
| 一九五八年（四月） | | モデル地区における労働者家庭生活向上のための技術指導：労働者家族技術指導専任協助員配置 |
| 一九五八年（五月） | | 年少労働者福祉員に労働大臣奨励状を交付（二四人） |
| 一九五八年（九月一日） | | ホール建設（婦人会員の要望高まり、夏期総会で決定　ホール建設の為、会員一人当たり五六円を三回にわたって徴収） |
| 一九五八年（一二月） | | 鹿児島婦人少年室協助員連盟発足 |
| 一九五九年 | 昭和三四年 | 第一回母と女教師（女性教職員）の会 |
| | | 売春防止法違反第一号検挙 |
| | | 婦人会館の財政確立 |
| 一九五九年（八月三〇日） | | ホール落成（婦人会二〇万会員の心のより所、新築のホールにて総会を開く |
| 一九六〇年 | 昭和三五年 | 国際婦人デー五十周年婦人集会　講演山路澄子 |
| | | 県婦人のつどい（自由時間について） |
| | | 県婦人会、全国地域婦人団体連絡協議会に加入 |
| | | 電気料金値上げ反対（通産省に陳情書を提出） |
| 一九六一年 | 昭和三六年 | 婦人会館法人化承認 |
| | | 第一三回九婦会開催（指宿市観光ホテル） |
| 一九六二年 | 昭和三七年 | 県総評主婦の会結成（岩下サダ） |
| | | 濱田亀鶴　没（県初の女性新聞記者・県婦人問題審議会長等） |
| | | 働く青少年「憩の家」へ婦人会寄付（建設基金送付） |

| | | |
|---|---|---|
| 一九六三年 | 昭和三八年 | 鹿児島勤労青少年ホーム（設置主体　鹿児島県労働基準協会）開館 |
| | | 日本婦人会議鹿児島支部（県）発足 |
| | | 県憲法を守る会　結成（高根仁） |
| | | 第一回婦人の集い（四団体〈県婦連・農協婦人部・未亡人会・漁協婦人部〉） |
| | | 「三ない運動」提唱（「ちらさない・よごさない・こわさない」運動）（川辺群婦人会が提唱、県婦人会総会でとりあげ、この年の九婦大会に出し決定） |
| 一九六四年 | 昭和三九年 | 寄付行為の施行（婦人会館の定款を決定） |
| 一九六五年 | 昭和四〇年 | 子供の幸せを守る婦人の集い、デモ |
| | | 県婦人会の規約改正 |
| 一九六六年 | 昭和四一年 | 県総評主婦の会沖縄訪問（倉内クニエ） |
| | | 中村きい子『女と刀』（光文社） |
| | | 消費者学習大会開催（宮内会長、鹿児島県内第一回参加） |
| | | 文部省海外派遣婦人教育視察 |
| | | 第一回県婦人の集い（四団体〈県婦連・農協婦人部・未亡人会・漁協婦人部〉） |
| | | 県婦人会、串木野市大火見舞 |
| | | 「家庭の日」設定に伴い県婦人会協力 |
| | | 黒江ヨネ元会長叙勲 |
| 一九六六年（五月一九日） | | 婦人参政二十周年行事　各層の婦人が参加（鹿児島市中央公民館で記念大会を開き、労働省婦人課長木下雪江氏の講演） |
| 一九六六年（六月二六日） | | 結核予防婦人会の結成 |
| 一九六七年 | 昭和四二年 | メーデー「働く婦人の地位向上、家内労働法制定」 |
| | | 私たちの手による健康と婦人会の調査報告（婦人会活動における調査活 |

| | | |
|---|---|---|
| 一九六七年（一〇月一日） | | 動について検討）<br>県婦人会、県費補助獲得<br>婦人癌検診車を要請設置（県婦人会、婦人癌検診車を県へ要請）<br>婦人会館十周年（記念式典　祝賀会） |
| 一九六八年 | 昭和四三年 | 明治一〇〇年事業として第二〇回九州地区婦人大会開催（鹿児島市） |
| 一九六九年 | 昭和四四年 | 沖縄奪還、安保粉砕青年婦人連帯集会（県総評青婦部）<br>婦人会運営の近代化（部活動編成（青年育成部・健康生活部・三ない運動部・花いっぱい運動部））<br>太陽の子運動に婦人会協力<br>生活学校の開校（新生活運動の一環として各市町村に生活学校開校） |
| 一九七〇年 | 昭和四五年 | 時事問題研究会<br>婦人問題研究会 |
| 一九七一年<br>一九七一年（三月） | 昭和四六年 | 『みなみの手帖』創刊（羽鳥さち）<br>労働省の設置費補助による勤労青少年ホーム第一号が出水市に開館<br>全地婦連会館落成（鹿児島県の分担金四二〇万を三年間に分納）<br>太陽国体準備に協力（各市町村花いっぱい運動　美化作業展開）<br>調査活動　婦人会の事業（会員の意識調査） |
| 一九七二年<br>一九七二年（四月） | 昭和四七年 | 婦人会、社会問題の研究会<br>国体第一次・第二次模擬（婦人会マスゲーム練習）<br>太陽国体参加（開会式　マスゲームに参加）<br>婦人リーダー養成（特に若年層の養成に力を入れる）<br>鹿児島県内職公共職業補導所開設 |
| 一九七三年 | 昭和四八年 | 婦人会、中国友好代表団との交歓懇談会<br>鹿児島ユネスコ協会設立総会（県婦人会団体加入） |

| | | |
|---|---|---|
| 一九七四年 | 昭和四九年 | 婦人会、物価対策座談会（物価高対処の事例交かん会など開く） |
| | | 県婦人会、県社会教育課との懇談会（文部省志熊課長と婦人団体幹部婦人学習の充実方策について） |
| | | 結核予防婦人会全国大会（鹿児島県　城山観光ホテル） |
| | | 婦人会館理事会（職員給与改訂・宿泊料改訂・旅費改訂） |
| 一九七四年（一一月五日） | | 浦ふく会長逝去 |
| 一九七四年（一一月二〇日） | | 故浦ふく会長県婦連葬（県婦連葬として県婦人会館で行う） |
| 一九七四年 | | 浦ふく会長追悼誌発刊（浦ふく会長追悼誌編集『思い出』） |
| 一九七五年 | 昭和五〇年 | 国際婦人年 |
| | | 婦人討論集会　講師山下正子「国際婦人年期して婦人の自覚と婦人解放へ」 |
| | | 第四回県婦人集会　藤原道子「婦人解放と私の歩んだ道」 |
| | | 第四回県総評主婦の会　大森基準局賃金課長　内職・パートの実態報告 |
| | | 「家庭の日」のアンケート調査 |
| | | 県消費者団体連絡協議会発会（県消費者団体連絡協議会設立総会） |
| 一九七五年（九月三〇日～一〇月一日） | | 第二七回九婦大会（鹿児島県文化センターにて開催　一六〇〇人出会国際婦人年がテーマ） |
| 一九七五年 | | 婦人参政三十周年世界婦人年記念パレードを行う（中央公民館前よりライオンズ広場まで　九婦大会県出会者一二〇〇人　大会終了後） |
| 一九七六年 | 昭和五一年 | 第五回県婦人集会「婦人解放・人間尊重の政治改革」 |
| | | 飲酒運転撲滅運動（飲酒運転に関する県下一〇万人に対する実態調査） |
| | | 婦人会館改修工事始まる　ちふれ品一個運動（改装箇所――冷暖房・事務室・食堂・その他（資金捻出――県一二〇〇万円・市五〇〇万円・会員三五〇万円） |
| | | 北方領土返還署名運動 |

| | | |
|---|---|---|
| | | 婦人会館理事会（婦人会館増改築について・ちふれ品一個運動について・冷暖房設備について） |
| 一九七七年 | 昭和五二年 | 県総評定期大会「婦人の労働権確立、雇用平等、母性保護の権利拡大決定」<br>九州地区結核予防婦人大会（於鹿児島）（於青少年研修センター　秩父宮妃殿下御臨席）<br>明かるい社会環境づくりに関する一〇万人アンケート調査 |
| 一九七七年（二月一日） | | 飲酒運転追放一〇万人アンケート（一〇万人アンケート集計終わる）<br>婦人会館改修完了、引渡（会館改修に伴う経費の決算　完成祝賀会）<br>県教職員組合教研「女子教育もんだい」分科会設置、研究始まる |
| 一九七八年 | 昭和五三年 | 県総評婦人部討論集会　上江川トヨ子「婦人問題とは何か」<br>省資・省エネ活動（電気・水道・ガス使用量記入、比較検討）<br>独居老人への愛の声掛け運動（日赤の活動、及び婦人会内福祉部の活動参加）<br>新聞講座開講　書記会計講座開講（第一回新聞講座開講　第一回書記会計講座開講）<br>婦人会館二十周年記念式典（「さつまの母たちの拠点」である婦人会館は設立二十周年式典が盛大に挙行）<br>むつみ会結成<br>歯舞昆布とちふれ品一個運動展開<br>県婦人会、知事と語る会（県政へ理解協力のため）<br>青少年の夢と希望を育む月間（月間中、部落ごとの取り組み） |
| 一九七九年 | 昭和五四年 | 第七回県婦人集会（五者実委）　和気文子「婦人を取り巻く情勢と課題」<br>国際児童年（理解を深めるための学習）<br>母親セミナーの開催（青少年健全育成は家庭から、母親の姿勢から） |

| | | |
|---|---|---|
| | | 家庭の日の母親アンケート（一万人　青少年の健全育成の一環として回収率九七％） |
| | | 単位婦人会加入状況調べ（各市町村の加入状況調査） |
| | | 県交通安全母の会の結成（市町村で結成　県交通安全母の会につながる） |
| | | 全国交通安全母の会へ加入（県ぐるみ全国交通安全母の会に加入） |
| | | ユニセフおやつ募金運動（「日本の子どもの一日分のおやつ代を」世界の飢えた子等へ　四八八万一一八八円を送付） |
| | | 県婦人会、知事と語る会（中国訪問についての諸注意）（青年の船同乗体験より） |
| | | 日中友好、鹿児島県婦人の翼、説明会（三回開催） |
| 一九七九年（一〇月） | | 県婦連だより発刊百号に至る（昭和三一年発刊より県婦連の活動状況や各市町村の現状など広報） |
| 一九八〇年 | 昭和五五年 | 県総評婦人部討論集会　三重野栄子「労基法改悪」 |
| | | 朝鮮女性と連帯する鹿児島県婦人の会発足（川崎洋子） |
| | | 日高旺『女たちの薩摩』（春苑堂） |
| | | 『女と刀』舞台化　県内四会場 |
| | | 県交通安全母親大会（県文化センターにおいて開かれ、一五〇〇人参加する）（子どもと老人を事故から守る運動　母と子は手を取り合って） |
| | | 日本赤十字鹿児島県支部大会（県文化センターにおいて県大会開催　高松宮妃殿下と話す会がもたれた） |
| | | 県婦人会、知事と語る会（県政へ理解を深め、婦人会活動について説明） |
| 一九八〇年（四月） | | 鹿児島市勤労婦人センター、串木野市働く婦人の家開館 |
| 一九八〇年（四月四日～四月一一日） | | 日中友好、鹿児島県婦人の翼、第一回訪中（北京・杭州・上海　八九人参加） |

| | | |
|---|---|---|
| 一九八〇年（七月） | | 省資・省エネアンケート調査（三万人によるアンケート調査） |
| 一九八〇年（八月二三日～八月二五日） | | 全交母キャラバン来県（志布志～出水まで　交母キャラバン地区においてセレモニー開かれ意識の高揚をはかる） |
| 一九八〇年 | | 日中友好、鹿児島県婦人の翼の記念誌発刊（訪中参加者から原稿をもらい思い出記とする） |
| 一九八一年 | 昭和五六年 | 憲法改悪阻止・平和を守る婦人集会（五者実委）集会・デモ |
| | | 国際障害者年（国際障害者年「人のいたみを分かち合う活動をすすめよう」） |
| | | 「バングラデシュの子等に光を」募金運動展開（ビタミンAを送りましょう　全地婦連提唱に賛同し共感を呼ぶ） |
| | | ベトナム難民慰問（垂水にあるベトナム難民収容所〈垂水町〉に日赤奉仕団員が訪問） |
| | | 北方領土の返還実現をめざして（北方領土返還記念シンボル像完成、返還要求の国民運動） |
| | | 国旗に関する意識調査（青少年部による国旗に関する意識調査を県下一万五〇〇〇人の婦人を対象に実施） |
| 一九八一年（四月） | | 鹿児島県内職公共職業補導所から婦人就業援助センターへ |
| 一九八二年 | 昭和五七年 | 生命とくらしを守る県婦人集会　清水澄子が講演 |
| | | 「八の日行動」始まる（共闘） |
| | | 県議会へ請願・採択「婦人差別撤廃条約早期批准」（県総評青婦部・主婦の会） |
| | | 基準局長交渉（主婦の会）パート問題くらしと戦争を考える婦人の集い |
| | | 高田チエ子被爆体験記『夾竹桃の花ふたたび』（日本婦人会議鹿児島支部） |
| 一九八二年（五月一五日～五月二二日） | | 日中友好、鹿児島県婦人の翼、第二回訪中（北京・杭州・上海　八二人参加） |

| | | |
|---|---|---|
| 一九八三年 | 昭和五八年 | 県婦人集会　清水澄子「婦人と政治」 |
| | | 川内原発一号炉初臨界、営業開始 |
| 一九八四年 | 昭和五九年 | 宮崎たかゐ没（初の県婦人少年室長） |
| | | 勝目テル没（婦人解放・消費者運動） |
| | | 男女雇用平等法学習会（県総評青婦部） |
| 一九八五年 | 昭和六〇年 | バスガイド育児時間で裁判 |
| | | 定期路線バス車掌、ゼロに |
| | | 県婦人集会　仁木ふみ子「均等法・派遣事業法」 |
| | | 川崎洋子『花も実も―初代鹿児島婦人少年室長宮崎たかゐ追悼集―』（たかゐの娘婿川崎寛治が、あとがきと発行に関わる） |
| 一九八六年 | 昭和六一年 | 祝国際婦人デー、フラワーカーで街宣 |
| | | 県婦人少年室長交渉（婦人部） |
| | | 男女雇用機会均等法施行婦人決起集会 |
| | | 毛利子来（きたね）講演「女と男と子どもと」（母と女性教職員の会） |
| 一九八七年 | 昭和六二年 | 看護婦（民間病院）出産解雇で裁判 |
| | | いのちと暮らし、平和を守る婦人集会「売上税反対」 |
| 一九八八年 | 昭和六三年 | パートユニオン組織化の方針、決定 |
| | | パート一一〇番 |
| 一九八九年 | 昭和六四年 | 県下初ユニオン結成（始良） |
| 一九八九年（三月八日） | ／平成元年 | 芳則正『かごしま・くるわ物語』（丸山学芸図書） |
| | | マラソン演説会（あすを開く女たちの会） |
| 一九九〇年 | 平成二年 | 相星雅子『下関花嫁』（高城書房） |
| | | 県総評解散、県総評センター設立 |

| | | |
|---|---|---|
| | | 県連合発足 |
| 一九九一年 | 平成三年 | 第一回反戦リレー演説会（戦争への道を許さない女たちの会）<br>県「鹿児島女性プラン二一」決定<br>湾岸戦争即時停戦求める青年婦人集会（鹿児島市青年婦人団体） |
| 一九九二年 | 平成四年 | 今給黎（いまきいれ）教子　単独無寄港世界一周成功（ヨット） |
| 一九九三年 | 平成五年 | 戦車公道訓練中止申入れ（女性二団体）<br>戦争への道を許さない鹿児島女たちの会　設立<br>鈴木裕子講演会「戦争責任と従軍慰安婦」（今、アジアの平和を考える講演会実行委員会）<br>吉井和子『薩摩おごじょ――女たちの夜明け』（春苑堂） |
| 一九九五年 | 平成七年 | 県議選、女性議員初めて三人に |
| 一九九六年 | 平成八年 | 共生ネットワーク　TekuTeku 結成（赤星貴子）<br>女性政策研究会（たもつゆかり） |
| 一九九七年 | 平成九年 | 教科書　慰安婦記述の削除陳情採択（県議会）<br>松井やより講演会（教科書記述の削除陳情趣旨採択に抗議する女たちの会）<br>北朝鮮へ食糧支援カンパ |
| 一九九八年 | 平成一〇年 | 『ナヌムの家Ⅱ』上映会<br>沖縄県女性センター長狩俣信子講演会<br>田上時子講演「私が私らしく生きる道――ジェンダーフリー社会をめざして」（母と女性職員の会） |
| 一九九九年 | 平成一一年 | 県「かごしまハーモニープラン」策定<br>県男女共同参画推進本部設置<br>季刊誌『TekuTeku』創刊<br>日朝をつなぐ女性のピースラインに鹿児島県代表一人参加 |

| | | |
|---|---|---|
| | | デンマークに学ぶ会　発足 |
| | | 小川みさ子『女ひとり地方議会に春一番―新入り議員の涙と笑―』（BOC出版部） |
| 二〇〇〇年 | 平成一二年 | 日中平和の架け橋女性訪中団　二人 |
| 二〇〇一年 | 平成一三年 | 県男女共同参画推進条例、制定 |
| | | ベアテ・シロタ・ゴードン講演会「男女平等を日本国憲法に書いた」 |
| | | 男女平等参画ネット（奥山えみ子） |
| 二〇〇二年 | 平成一四年 | 県男女共同参画推進条例　施行 |
| | | 県男女共同参画審議会　設置 |
| | | 日中女性北京のつどい　五人 |
| 二〇〇三年 | 平成一五年 | 県議会「ジェンダーフリー教育反対陳情」採択 |
| | | 県男女共同参画センター、開設 |
| 二〇〇四年 | 平成一六年 | 小田愛子・奥山えみ子等「売買春の歴史と女性差別撤廃にむけて」（〇四国際女性デー） |
| | | 朝鮮半島を戦場にさせない女性のピースラインに鹿児島県代表二人参加 |
| | | 県教組「女子教育もんだい」を「両性の自立と平等をめざす教育」分科会に名称変更 |
| | | 上野千鶴子ジェンダーフリー講演会 |
| 二〇〇五年 | 平成一七年 | ノルウェーの男女平等に学ぶ講演会 |
| | | 県会議員「従軍慰安婦は捏造」発言 |
| | | 戦後六〇年女性のつどい　山崎キヌ子「慰安婦・教科書問題」 |
| 二〇〇六年 | 平成一八年 | 県「DV被害者支援計画」策定 |
| | | 疋田京子「二四条改憲論の行方～夢を持てと励まされ、夢をみるなと笑われる」『鹿児島県立短期大学紀要第五七号』 |

| | | |
|---|---|---|
| | | 婦人参政権六〇年の集い「宮崎たかゐ生誕一〇〇年」林ユリ子・奥山えみ子等 |
| | | 『ガンバレ鹿児島女性編』（高城書房） |
| 二〇〇七年 | 平成一九年 | 県農村女性リーダーネットワーク（迫千穂子） |
| | | 第一回ジェンダー平等講座　清水澄子 |
| | | インドネシア旧日本軍慰安婦へカンパ |
| | | パワハラ提訴（県行政書士会ユニオン） |
| | | 県「男女共同参画基本計画H二〇～H二四年度」素案　パブリックコメント |
| 二〇〇八年 | 平成二〇年 | 県後期高齢者医療制度連合へ後期高齢者医療制度の廃止を求める要請（鹿児島県退職女性教職員連絡協議会等） |
| 二〇〇九年 | 平成二一年 | 県護憲フォーラム　結成 |
| 二〇〇九年（三月八日） | | セクハラを考えるシネマトーク（連合女性局等） |
| 二〇一〇年 | 平成二二年 | 奥山教室「自立と平等へのあゆみ　女子教育もんだい運動と奥山えみ子」 |
| | | 下敷領須美子講演「子育てとわたしらしさ（仕事・趣味）の両立～三歳児神話ってほんと」（第五十回母と女性教職員の会） |
| | | 濱田苔花（亀鶴）著、大阪女学院創立一二五周年記念出版委員会編『五厘銅貨物語』（大阪女学院） |
| 二〇一一年 | 平成二三年 | 馬毛島を守る女性の会集会（西之表市） |
| | | 女たちのクリスマス会 |
| 二〇一二年 | 平成二四年 | 「随筆かごしま」終刊（上薗登志子） |
| | | 網谷章子『子どもたちに支えられて―教師人生三六年の奮闘記―』（鹿児島女子短期大学附属南九州地域科学研究所） |
| | | 赤松良子講演会 |
| | | 山川菊栄ＤＶＤ上映会 |

〔編著者紹介〕

**佐々木 陽子**（ささき ようこ）

鹿児島国際大学教授。1952年生まれ。小・中・高校教員を務めたのち、2005年、東京大学大学院総合文化研究科国際社会科学博士後期課程単位取得退学。著作に『総力戦と女性兵士』（青弓社、2001年）、『兵役拒否』（編著：青弓社、2004年）、「一五年戦争下の高等女学校における教練」（『歴史評論』2006年）、「「お供え」と「蔭膳」――不在者との共食」（『現代民俗学研究』2012年）、「無縁墓問題――記憶と忘却のはざまの死者たち」（『西日本社会学年報』2016年）がある。

〔著者紹介〕

**山﨑 喜久枝**（やまさき きくえ）

枕崎市男女共同参画推進懇話会会長・枕崎市行政改革推進委員。1941年生まれ。鹿児島県内で中学校教員を務める。2006年、鹿児島国際大学院福祉社会学研究科博士前期課程修了（福祉社会学修士）。
ボランティア活動として、高齢者サロンで習字と憲法講座の講師および地域で一人暮らしをする女性たちの支援活動を行なっている。

**枕崎　女たちの生活史**
**――ジェンダー視点からみる暮らし、習俗、政治**

2017年3月25日　初版第1刷発行

編著者　佐々木陽子
著　者　山﨑喜久枝
発行者　石井昭男
発行所　株式会社 明石書店
〒101-0021　東京都千代田区外神田6-9-5
電　話 03（5818）1171
FAX 03（5818）1174
振　替　00100-7-24505
http://www.akashi.co.jp
編集／組版　本郷書房
装　丁　明石書店デザイン室
印刷・製本　モリモト印刷株式会社

（定価はカバーに表示してあります）　ISBN978-4-7503-4491-1

# ジェンダー史叢書【全8巻】

——ジェンダーの視点から人類史にアプローチする——

本叢書は、ジェンダーの視点から人類史にアプローチするもので、ジェンダー史の最新の学問的成果を広く学界や社会で共有することを目的として企画された。150人を超える執筆陣が、現代的課題を重視しつつ、学際的・国際的視野から包括的なジェンダー・アプローチを行うことで、ジェンダー史研究のみならず、隣接諸科学も含む学術研究の発展にも多大な貢献をすることをめざす。

1 **権力と身体**
服藤早苗、三成美保 編著（第7回配本）

2 **家族と教育**
石川照子、髙橋裕子 編著（第8回配本）

3 **思想と文化**
竹村和子、義江明子 編著（第5回配本）

4 **視覚表象と音楽**
池田忍、小林緑 編著（第3回配本）

5 **暴力と戦争**
加藤千香子、細谷実 編著（第2回配本）

6 **経済と消費社会**
長野ひろ子、松本悠子 編著（第1回配本）

7 **人の移動と文化の交差**
粟屋利江、松本悠子 編著（第6回配本）

8 **生活と福祉**
赤阪俊一、柳谷慶子 編著（第4回配本）

A5判／上製 ◎各4800円

〈価格は本体価格です〉

**OECDジェンダー白書** 今こそ男女格差解消に向けた取り組みを！
OECD編著　濱田久美子訳　◉7200円

**婦人保護施設と売春・貧困・DV** 女性支援の変遷と新たな展開
須藤八千代、宮本節子編著　◉2600円

**北海道社会とジェンダー** 労働・教育・福祉・DV・セクハラの現実を問う
札幌女性問題研究会編　◉2800円

**女子プロレスラーの身体とジェンダー** 規範的「女らしさ」を超えて
合場敬子　◉2800円

**ええ、政治ですが、それが何か？**
自分のアタマで考える政治学入門　岡田憲治　◉1800円

**日本人の「男らしさ」** サムライからオタクまで「男性性」の変遷を追う
サビーネ・フリューシュトゥック、アン・ウォルソール編著
長野ひろ子監訳　内田雅克、長野麻紀子、粟倉大輔訳　◉3800円

**女たちの情熱政治** 女性参政権獲得から70年の荒野に立つ
東京新聞・北陸中日新聞取材班編　◉1800円

**同性婚　だれもが自由に結婚する権利**
同性婚人権救済弁護団編　◉2000円

---

**女性就業と生活空間** 仕事・子育て・ライフコース
由井義通編著　神谷浩夫、若林芳樹、中澤高志、矢野桂司、
木下礼子、加茂浩靖、久木元美琴、久保倫子、タン・レンレン著　◉4600円

**タイム・バインド**（時間の板挟み状態）**働く母親のワークライフバランス**
仕事・家庭・子どもをめぐる真実
A・R・ホックシールド著　坂口緑、中野聡子、両角道代訳　◉2800円

**中東・北アフリカにおけるジェンダー** 世界人権問題叢書
イスラーム社会のダイナミズムと多様性
ザヒア・スマイール・サルヒー著　鷹木恵子ほか訳　◉4700円

男性的なもの／女性的なものⅡ **序列を解体する**
フランスワーズ・エリチエ著　井上たか子、石田久仁子訳　◉5500円

**「働くこと」とジェンダー** ビジネスの変容とキャリアの創造
金谷千慧子　◉2200円

**ジェンダー・クオータ** 世界の女性議員はなぜ増えたのか
三浦まり、衛藤幹子編著　◉4500円

**ノルウェーを変えた髭のノラ** 男女平等社会はこうしてできた
三井マリ子　◉1600円

**戦後日本女性政策史** 戦後民主化政策から男女共同参画社会基本法まで
神﨑智子　◉7500円

〈価格は本体価格です〉